2판

AIRCRAFT CABIN SERVICE

승객 탑승 전 준비 & 승객 탑승 및 이륙 전 서비스

머리말

NCS(국가직무능력표준, National Competency Standard)

NCS란 산업현장에서 직무를 수행하기 위해 요구되는 지식, 기술, 소양 등의 내용을 국가가 산업부문별, 수준별로 체계화한 것으로 산업현장의 직무를 성공적으로 수행하기 위해 필요한 능력(지식, 기술, 태도)을 국가적 차원에서 표준화한 것을 의미한다.

NCS의 목적은 현재의 스펙보다는 비행업무 직무역량을 우선시 하고 해당 직무수행에 요구되는 능력을 갖춘 인재를 선발하며 이는 무분별한 스펙경쟁을 해소함으로써 학별이 아닌 능력에 따라 대우받는 열린 산업현장을 구축하는 데 있다. 2015년도 130개 공공기관에서 NCS를 이용하여 3,000명을 채용할 계획이며, 2017년까지 모든 공공기관 및 항공사/일반 기업체의 NCS 채용이 보편화 될 것으로 예상하고 있다.

본 교재에서는 NCS '항공객실서비스'

- 기내안전관리
- 승객 탑승 전 준비
- 승객 탑승 및 이륙 전 서비스
- 비행 중 서비스
- 착륙 전 서비스
- 착륙 후 서비스
- 승객 하기 후 관리
- 응급환자 대처

- 객실승무 관리
- 항공기내방송 업무
- 고객만족 서비스

능력단위별로 분권하여 미래 예비 승무원들의 수준에 맞도록 튼실하고 짜임새 있게 저술하였으며 NCS 항공객실서비스를 학습하는데 능력단위별 주교재/부교재로 선택할 수 있게 하였고 유사분야로 사료되는 '승객 탑승 전 준비, 승객 탑승 및 이륙 전 서비스', '착륙 전 서비스, 착륙 후 서비스' 등 밀접하게 연관성 있는 능력단위를 합본하여 학생들로 하여금 체계적인 선수 및 후수 학습을 가능하게 하였다.

따라서 본 교재의 특징인 최신사진과 객실승무경력 32년 저자의 경험을 담은 글을 함께 학습하면 NCS 항공객실서비스 분야에서 원하는 모든 항공지식을 습득 · 함양할 수 있으며 예비 승무원들이 원하는 항공사에 입사 후, 재교육의 필요 없이 객실승무비행에 임할 수 있는 자격과 지식을 갖추게 될 것이라 자신하고 싶고 항공객실서비스에 대해 재교육을 받을 시에는 본 교재의 선학습 효과로 인해 어느 훈련생보다도 상당히 우수한 성적으로 수료하지 않을까 확신한다. 이는 곧 국가와 항공회사의 신입승무원 재교육이라는 큰 부담을 덜어주는 촉매제 역할을 하게 될 것이며, 아울러 개인 · 항공회사 · 국가의 경쟁력 강화로 이어지지 않을까 생각한다.

2017년 1월 저자 씀

NCS란 무엇인가?

국가직무능력표준(NCS)은 무엇인가요?

국가직무능력표준(NCS, National Competency Standards)은 산업현장에서 직무를 수행하기 위해 요구되는 지식 · 기술 · 소양 등의 내용을 국가가 체계화한 것입니다.

국가직무능력표준 개념도

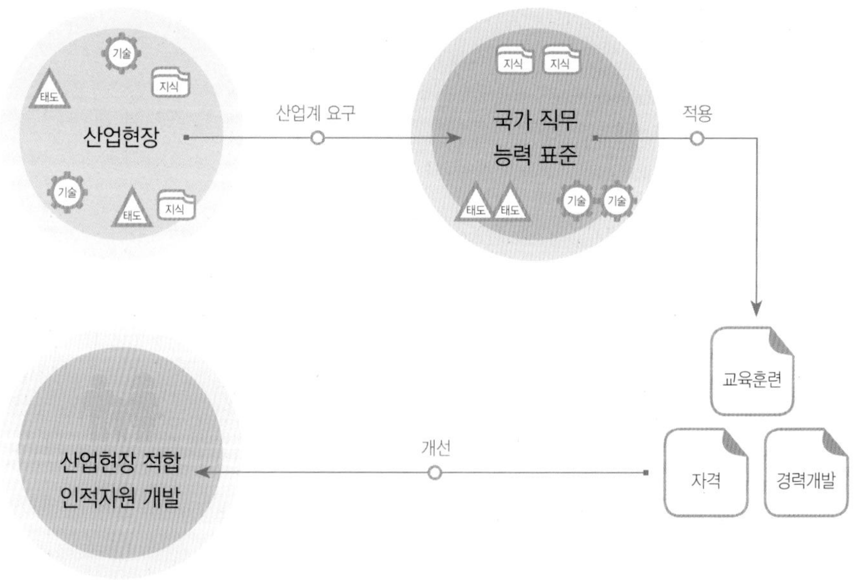

직무 능력: 일을 할 수 있는 On-sped인 능력

- 직업인으로서 갖추어야 할 공통 능력
- 해당 직무를 수행하는 데 필요한 역량(지식, 기술, 태도)

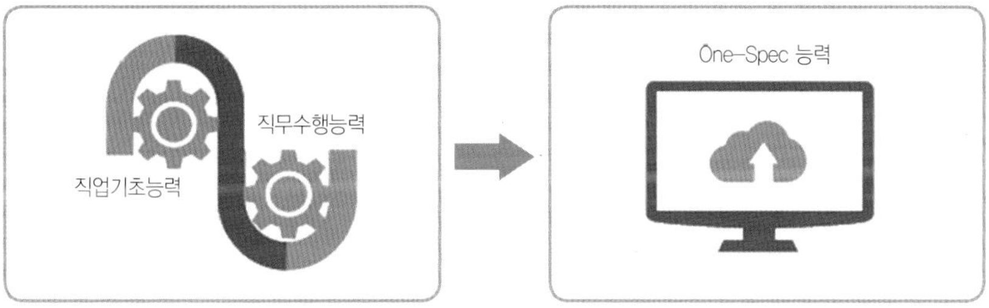

이렇게 달라졌어요!

보다 효율적이고 현실적인 대안마련

① 직무중심의 교육 · 훈련과정개편

② 국가자격의 종목 신설 및 재설계

③ 산업현장 직무에 맞게 자격시험 전면 개편

④ NCS채용을 통한 기업의 능력중심 인사관리 및 근로자의 평생경력 개발 관리 재편

국가직무능력표준이 왜 필요한가요?

능력 있는 인재를 개발해 핵심인프라를 구축하고,
나라가 국가경쟁력을 향상 시키기 위해 국가직무능력표준이 필요합니다.

- 기업은 직무분석자료, 인적자원관리 도구, 인적자원 개발 프로그램, 특화자격 신설, 일자리 정보 제공 등을 원합니다.
- 기업교육훈련기관은 산업현장의 요구에 맞는 맞춤형 교육훈련과정을 개설하여 운영하기를 원합니다.

지금은,

- 직업교육 훈련 및 자격제도가 산업현장과 불일치
- 인적자원의 비효율적 관리 운용

→ 국가직무 능력표준 →

바뀝니다.

- 각각 따로 운영됐던 교육훈련, 국가직무수행능력표준 중심 시스템으로 전환(일–교육 훈련–자격 연계)
- 산업현장 직무 중심의 인적자원 개발
- 능력중심사회 구현을 위한 핵심인프라 구축
- 고용과 평생 직업능력개발 연계를 통한 국가경쟁력 향상

추진경과

2002: 일–교육 훈련–자격을 연계하기 위해 국가직무 능력표준 제도를 도입

2010: 국가직무 능력표준의 효율화 추진에 대해 국가정책조정회의 조정
- NCS 명칭 통일 및 개발주체 일원화 (고용노동부, 한국산업인력공단)
- NCS 연구 및 교육과정 지원 (고육부, 한국직업능력개발원)

2013: 「능력중심사회를 위한 여건 조성」 핵심 국정과제 확정

국가직무능력표준은

기업체, 직업교육훈련기관, 자격시험기관에서 활용할 수 있습니다.

국가직무 능력표준 활용범위

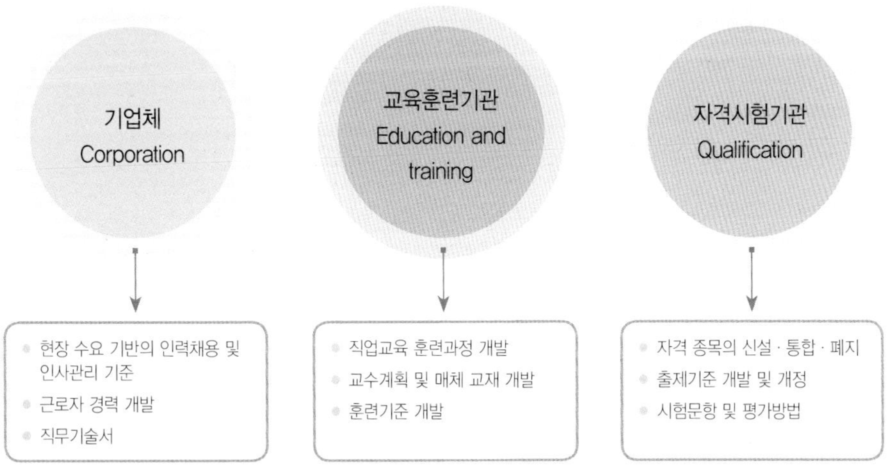

[국가직무능력표준 능력단위 구성]

- 능력단위는 능력단위분류번호, 능력단위정의, 능력단위요소(수행준거, 지식 · 기술 · 태도), 적용범위 및 작업상황, 평가지침, 직업기초능력으로 구성

구성항목	내 용
01. 능력단위분류기호 (competency unit code)	• 능력단위를 구분하기 위하여 부여되는 일련번호로서 14자리로 표현
02. 능력단위명칭 (competency unit title)	• 능력단위의 명칭을 기입한 것
03. 능력단위정의 (competency unit description)	• 능력단위의 목적, 업무수행 및 활용범위를 개략적으로 기술
04. 능력단위요소 (competency unit element)	• 능력단위를 구성하는 중요한 핵심 하위능력을 기술
05. 수행준거 (performance criterial)	• 능력단위요소별로 성취여부를 판단하기 위하여 개인이 도달해야 하는 수행의 기준을 제시
06. 지식 · 기술 · 태도(KSA)	• 능력단위요소를 수행하는 데 필요한 지식 · 기술 · 태도
07. 적용범위 및 작업상황 (range of veriable)	• 능력단위를 수행하는 데 있어 관련되는 범위와 물리적 혹은 환경적 조건 • 능력단위를 수행하는 데 있어 관련되는 자료, 서류, 장비, 도구, 재료
08. 평가지침 (guide of assesment)	• 능력단위의 성취여부를 평가하는 방법과 평가시 고려되어야 할 사항
09. 직업기초능력 (key competency)	• 직업인으로서 기본적으로 갖추어야 할 공통능력

수준체계

- 국가직무능력표준의 수준체계는 산업현장 직무의 수준을 체계화한 것으로, '산업현장-교육훈련-자격' 연계, 평생학습능력 성취 단계 제시, 자격의 수준체계 구성에서 활용합니다.
- 국가직무능력표준 개발 시 8단계의 수준체계에 따라 능력단위 및 능력단위요소별 수준을 평정하여 제시합니다.

수준	항목	내 용
8수준	정의	◦ 해당분야에 대한 최고도의 이론 및 지식을 활용하여 새로운 이론을 창조할 수 있고, 최고도의 숙련으로 광범위한 기술적 작업을 수행할 수 있으며 조직 및 업무 전반에 대한 권한과 책임이 부여된 수준
	지식기술	◦ 해당분야에 대한 최고도의 이론 및 지식을 활용하여 새로운 이론을 창조할 수 있는 수준 ◦ 최고도의 숙련으로 광범위한 기술적 작업을 수행할 수 있는 수준
	역량	◦ 조직 및 업무 전반에 대한 권한과 책임이 부여된 수준
	경력	◦ 수준 7에서 2-4년 정도의 계속 업무 후 도달 가능한 수준
7수준	정의	◦ 해당분야의 전문화된 이론 및 지식을 활용하여, 고도의 숙련으로 광범위한 작업을 수행할 수 있으며 타인의 결과에 대하여 의무와 책임이 필요한 수준
	지식기술	◦ 해당분야의 전문화된 이론 및 지식을 활용할 수 있으며, 근접분야의 이론 및 지식을 사용할 수 있는 수준 ◦ 고도의 숙련으로 광범위한 작업을 수행하는 수준
	역량	◦ 타인의 결과에 대하여 의무와 책임이 필요한 수준
	경력	◦ 수준 6에서 2-4년 정도의 계속 업무 후 도달 가능한 수준
6수준	정의	◦ 독립적인 권한 내에서 해당분야의 이론 및 지식을 자유롭게 활용하고 일반적인 숙련으로 다양한 과업을 수행하고 타인에게 해당분야의 지식 및 노하우를 전달할 수 있는 수준
	지식기술	◦ 해당분야의 이론 및 지식을 자유롭게 활용할 수 있는 수준 ◦ 일반적인 숙련으로 다양한 과업을 수행할 수 있는 수준
	역량	◦ 타인에게 해당분야의 지식 및 노하우를 전달할 수 있는 수준 ◦ 독립적인 권한 내에서 과업을 수행할 수 있는 수준
	경력	◦ 수준 5에서 1-3년 정도의 계속 업무 후 도달 가능한 수준
5수준	정의	◦ 포괄적인 권한 내에서 해당분야의 이론 및 지식을 사용하여 매우 복잡하고 비일상적인 과업을 수행하고 타인에게 해당분야의 지식을 전달할 수 있는 수준
	지식기술	◦ 해당분야의 이론 및 지식을 사용할 수 있는 수준 ◦ 매우 복잡하고 비일상적인 과업을 수행할 수 있는 수준

수준	항목	내 용
	역량	• 타인에게 해당분야의 지식 을 전달할 수 있는 수준 • 포괄적인 권한 내에서 과업을 수행할 수 있는 수준
	경력	• 수준 4에서 1-3년 정도의 계속 업무 후 도달 가능한 수준
4수준	정의	• 일반적인 권한 내에서 해당분야의 이론 및 지식을 제한적으로 사용하여 복잡하고 다양한 과업을 수행하는 수준
	지식기술	• 해당분야의 이론 및 지식을 제한적으로 사용할 수 있는 수준 • 복잡하고 다양한 과업을 수행할 수 있는 수준
	역량	• 일반적인 권한 내에서 과업을 수행할 수 있는 수준
	경력	• 수준 3에서 1-4년 정도의 계속 업무 후 도달 가능한 수준
3수준	정의	• 제한된 권한 내에서 해당분야의 기초이론 및 일반지식을 사용하여 다소 복잡한 과업을 수행는 수준
	지식기술	• 해당분야의 이론 및 지식을 자유롭게 활용할 수 있는 수준 • 일반적인 숙련으로 다양한 과업을 수행할 수 있는 수준
	역량	• 제한된 권한 내에서 과업을 수행하는 수준
	경력	• 수준 2에서 1-3년 정도의 계속 업무 후 도달 가능한 수준
2수준	정의	• 일반적인 지시 및 감독 하에 해당분야의 일반 지식을 사용하여 절차화되고 일상적인 과업을 수행하는 수준
	지식기술	• 해당분야의 일반지식을 사용할 수 있는 수준 • 절차화되고 일상적인 과업을 수행하는 수준
	역량	• 일반적인 지시 및 감독 하에 과업을 수행하는 수준
	경력	• 수준 1에서 6-12개월 정도의 계속 업무 후 도달 가능한 수준
1수준	정의	• 구체적인 지시 및 철저한 감독 하에 문자이해, 계산능력 등 기초적인 일반지식을 사용하여 단순하고 반복적인 과업을 수행는 수준
	지식기술	• 문자이해, 계산능력 등 기초적인 일반지식을 사용할 수 있는 수준 • 단순하고 반복적인 과업을 수행는 수준
	역량	• 타인에게 해당분야의 지식 및 노하우를 전달할 수 있는 수준 • 독립적인 권한 내에서 과업을 수행할 수 있는 수준
	경력	• 구체적인 지시 및 철저한 감독 하에 과업을 수행는 수준

분류번호 체계

- 국가직무능력표준의 분류번호는 국가직무능력표준의 구성단위인 능력단위에 대한 식별번호로 대분류, 중분류, 소분류, 세분류, 능력단위 및 개발연도로 구성됩니다.

  - 대분류 : 대분류의 2자리 숫자(2 digit)
  - 중분류 : 대분류 중 중분류의 2자리 숫자(2 digit)
  - 소분류 : 중분류 중 소분류의 2자리 숫자(2 digit)
  - 세분류 : 소분류 중 세분류의 2자리 숫자(2 digit)
  - 능력단위 : 세분류 중 능력단위 연변으로 2자리 숫자(2 digit)
  - 개발연도 : 능력단위 개발 · 보완 연도 2자리 숫자(2012년→12)로 작성하되, 앞의 분류와 구분하기 위하여 "-" 이후에 연도 기입
  - 버전 : 표준 개발 순서 2자리(첫번째 → v, 두 번째 → 숫자)/(2 digit)

0101010101_12v1

01	01	01	01	01	–	12	v1
대분류	중분류	소분류	세분류	능력단위	–	개발연도	버전

[국가직무능력표준 분류번호체계]

직무명 : 항공객실서비스

1. 직무 개요

1) 직무 정의

항공객실서비스란 객실 안전관리, 승객 탑승 전 준비, 승객 탑승 서비스, 이륙 전 서비스, 비행 중 서비스, 착륙 전 서비스, 착륙 후 서비스, 승객 하기 후 관리, 응급환자 대처, 객실승무 관리를 하는 일이다.

2) 항공객실서비스 능력단위

순 번	능력단위	페이지
1	기내 안전관리	31
2	승객 탑승 전 준비	38
3	승객 탑승 및 이륙 전 서비스	44
4	비행 중 서비스	50
5	착륙 전 서비스	56
6	착륙 후 서비스	61
7	승객 하기 후 관리	66
8	응급환자 대처	72
9	객실승무 관리	77
10	기내음료 서비스	83
11	항공서비스 업무 기본	88
12	항공 기내방송 업무	93
13	고객만족 서비스	98
14	항공서비스 매너	103

3) 능력단위별 능력단위요소

분류번호	능력단위	수준	능력단위요소
1203010501_15v2	기내 안전관리	3	승객 탑승 전 안전 · 보안 점검하기
			항공기 이 · 착륙전 안전 · 보안 관리하기
			비행 중 안전 · 보안 관리하기
			착륙 후 안전 · 보안 점검 · 관리
			비상사태 발생 시 대응하기
			상황별 안전안내 방송하기
1203010502_13v1	승객 탑승 전 준비	3	기내서비스용품 점검하기
			서비스 설비 및 기물 점검하기
			특별 서비스 요청사항 점검하기
1203010503_16v2	승객 탑승 및 이륙 전 서비스	3	탑승위치 대기하기
			탑승권 재확인하기
			좌석 안내하기
			수하물 정리 지원하기
			특수 고객 지원하기
1203010504_13v1	비행 중 서비스	3	기내음료 제공하기
			기내식 제공하기
			기내 오락물 제공하기
			면세품 판매하기
			객실 상태 점검하기
1203010505_16v2	착륙 전 서비스	3	입국 서류 배포 및 작성 지원하기
			기내 용품 회수하기
			기내 서비스 용품 및 면세품 재고 확인하기

분류번호	능력단위	수준	능력단위요소
1203010506_16v2	착륙 후 서비스	3	승객 하기 지원하기
		3	특수 고객 지원하기
1203010507_13v1	승객 하기 후 관리	3	유실물 점검하기
			잔류 승객 점검하기
			기내 설비 점검하기
			기내 용품 인수 · 인계하기
1203010508_13v1	응급환자 대처	3	응급환자 발생상황 파악 · 보고하기
			응급환자 초기 대응하기
			응급환자 후속 관리하기
			환자 대처 상황 기록하기
1203010509_16v2	객실승무 관리	4	객실 승무원별 근무 배정하기
			운항 · 객실간 정보 공유하기
			불만 승객 관리하기
			출 · 도착 서류 작성 · 관리하기
			객실서비스 관리하기
1203010512_16v1	항공 기내방송 업무	3	항공기내 방송 준비하기
			정상적 상황 방송하기
			비정상 상황 방송하기
			비상 상황 방송하기
1203010513_16v1	고객만족 서비스	3	서비스 마인드 함양하기
			이미지 메이킹하기
			불만고객 대처하기

자가진단표

1203010502_13v1	승객 탑승 전 준비

진단영역	진 단 문 항	매우 미흡	미흡	보통	우수	매우 우수
기내 서비스 용품 점검하기	1. 나는 운송 서비스 규정에 따라, 객실 서비스에 필요한 서비스용품 탑재 여부를 점검하고, 조치할 수 있다.	①	②	③	④	⑤
	2. 나는 운송 서비스 규정에 따라, 서비스 용품의 품질 상태 및 이상유무를 점검하여, 조치할 수 있다.	①	②	③	④	⑤
	3. 나는 객실 서비스 규정에 따라, 서비스용품을 지정된 서비스 위치에 배열할 수 있다.	①	②	③	④	⑤
서비스 설비 및 기물 점검하기	1. 나는 객실 서비스 규정에 따라, 항공기 운항시 반드시 필요한 서비스 설비 및 기물의 이상 여부를 점검하고, 조치할 수 있다.	①	②	③	④	⑤
	2. 나는 객실 서비스 규정에 따라, 항공기 운항시 반드시 필요한 화장실 설비의 이상 유무를 점검하고, 조치할 수 있다.	①	②	③	④	⑤
	3. 나는 운송 서비스 규정에 따라, 항공기의 목적지 도착 시, 입국에 필요한 제반 입국 관련 서류의 탑재 여부 및 수량을 점검하고, 조치할 수 있다.	①	②	③	④	⑤
	4. 나는 객실 서비스 규정에 따라, 항공기 운항 시 판매할 면세품의 탑재 여부 및 수량을 점검하고, 조치할 수 있다.	①	②	③	④	⑤
특별 서비스 요청사항 점검하기	1. 나는 객실 서비스 규정에 따라, 승객 탑승 전, 해당 항공기의 특별 서비스 항목을 점검하고 조치할 수 있다.	①	②	③	④	⑤
	2. 나는 객실 서비스 규정에 따라, 승객 탑승 전, 해당 승객의 특별 서비스 용품이 탑재되어 있는지를 점검하고, 조치할 수 있다.	①	②	③	④	⑤
	3. 나는 고객 서비스 규정에 따라, 승객 탑승 후, 해당 승객의 특별 서비스 요청 사항 외 추가 요청 사항이 없는지를 확인하고, 조치할 수 있다.	①	②	③	④	⑤

1203010503_16v2 | 승객 탑승 및 이륙 전 서비스

진단영역	진 단 문 항	매우 미흡	미흡	보통	우수	매우 우수
탑승위치 대기하기	1. 나는 객실 서비스 규정에 따라, 승객의 항공기 탑승 전, 각자에게 부여된 임무를 수행하기 위하여 해당 근무지역에서 탑승을 위해 대기할 수 있다.	①	②	③	④	⑤
	2. 나는 객실 서비스 규정에 따라 승객 탑승 시 대기 자세를 취할 수 있다.	①	②	③	④	⑤
	3. 나는 객실 서비스 규정에 따라 승객 탑승 시 밝은 표정으로 환영 인사를 할 수 있다.	①	②	③	④	⑤
	4. 나는 객실 서비스 규정에 따라 탑승 승객에 따른 눈높이 서비스 자세를 취할 수 있다.	①	②	③	④	⑤
탑승권 재확인 하기	1. 나는 객실 서비스 규정에 따라, 승객의 출발 일시를 확인할 수 있다.	①	②	③	④	⑤
	2. 나는 객실 서비스 규정에 따라, 승객의 목적지를 파악할 수 있다.	①	②	③	④	⑤
	3. 나는 객실 서비스 규정에 따라, 승객의 좌석 등급을 구별할 수 있다.	①	②	③	④	⑤
	4. 나는 객실 서비스 규정에 따라, 승객의 좌석번호를 확인할 수 있다.	①	②	③	④	⑤
좌석 안내 하기	1. 나는 객실 서비스 규정에 따라, 승객들에게 지정된 좌석번호를 재확인할 수 있다.	①	②	③	④	⑤
	2. 나는 객실 서비스 규정에 따라, 좌석 배열을 파악하고, 승객에게 정확한 좌석으로 안내할 수 있다.	①	②	③	④	⑤
	3. 나는 객실 서비스 규정에 따라, 승객에게 좌석 설비 사용법을 안내할 수 있다.	①	②	③	④	⑤
	4. 나는 객실 서비스 규정에 따라, 좌석 상태를 파악하여, 조치할 수 있다.	①	②	③	④	⑤
수하물 정리 지원 하기	1. 나는 객실 서비스 규정에 따라, 좌석 주변의 공간을 파악하여, 승객에게 객실 선반의 위치를 안내할 수 있다.	①	②	③	④	⑤
	2. 나는 객실 서비스 규정에 따라, 안전하게 선반을 작동할 수 있다.	①	②	③	④	⑤
	3. 나는 객실 서비스 규정에 따라, 수하물의 특성별로 보관하도록 안내할 수 있다.	①	②	③	④	⑤
	4. 나는 객실 서비스 규정에 따라, 수하물을 안전하게 다룰 수 있다.	①	②	③	④	⑤
	5. 나는 객실 서비스 규정에 따라, 수하물의 보관 위치를 기억하여, 승객에게 다시 전달할 수 있다.	①	②	③	④	⑤
특수 고객 지원하기	1. 나는 객실 서비스 규정에 따라, 특수 고객 탑승 여부를 확인할 수 있다.	①	②	③	④	⑤
	2. 나는 객실 서비스 규정에 따라, 특수 고객의 특성에 따른 인사를 하고, 좌석 안내할 수 있다.	①	②	③	④	⑤
	3. 나는 객실 서비스 규정에 따라, 특수 고객에게 기내 설비 사용법을 안내할 수 있다.	①	②	③	④	⑤
	4. 나는 객실 서비스 규정에 따라, 특수 고객에 대한 여행 편의를 제공할 수 있다.	①	②	③	④	⑤

능력단위 소개 '승객 탑승 전 준비'

분류번호 : 1203010502_13v1
능력단위 명칭 : 승객 탑승 전 준비
능력단위 정의 : 승객 탑승 전 준비란 기내서비스용품 점검, 서비스설비 및 기물 점검, 특별 서비스 요청사항 점검을 수행하는 능력이다.

능력단위요소	수행 준거
1203010502_13v1.1 기내서비스용품 점검하기	1.1 운송 서비스 규정에 따라, 객실 서비스에 필요한 서비스용품 탑재 여부를 점검하고, 조치할 수 있다. 1.2 운송 서비스 규정에 따라, 서비스 용품의 품질 상태 및 이상유무를 점검하여, 조치할 수 있다. 1.3 객실 서비스 규정에 따라, 서비스용품을 지정된 서비스 위치에 배열할 수 있다.
	【지식】 • 운송 서비스 규정 • 항공기 객실 구조 • 객실 서비스 규정 • 서비스용품에 대한 지식
	【기술】 • 객실 승무원 규정집 활용 기술 • 객실 체크 리스트 적용 기술 • 지상 직원과의 소통 기술 • 식음료 보관 및 운반 기술
	【태도】 • 정확성 유지 • 협조 노력 • 신속한 태도 • 청결함 유지
11203010502_13v1.2 서비스 설비 및 기물 점검하기	2.1 객실 서비스 규정에 따라, 항공기 운항시 반드시 필요한 서비스 설비 및 기물의 이상 여부를 점검하고, 조치할 수 있다. 2.2 객실 서비스 규정에 따라, 항공기 운항시 반드시 필요한 화장실 설비의 이상 유무를 점검하고, 조치할 수 있다. 2.3 운송 서비스 규정에 따라, 항공기의 목적지 도착 시, 입국에 필요한 제반 입국 관련 서류의 탑재 여부 및 수량을 점검하고, 조치할 수 있다. 2.4 객실 서비스 규정에 따라, 항공기 운항 시 판매할 면세품의 탑재 여부 및 수량을 점검하고, 조치할 수 있다.

<table>
<tr><td rowspan="3">1203010501_13v1.2
항공기 이 · 착륙전
안전 · 보안 관리하기</td><td>【지식】 • 운송 서비스 규정
• 항공기 객실 구조
• 객실 서비스 규정
• 서비스 설비 및 기물에 대한 지식</td></tr>
<tr><td>【기술】 • 객실 승무원 규정집 활용 기술
• 객실 체크 리스트 적용 기술
• 지상 직원과의 소통 기술
• 서비스 설비 및 기물 점검기술
• 기내 서비스 기물 운반 및 배치기술</td></tr>
<tr><td>【태도】 • 신속한 태도
• 정확성 유지
• 신중한 태도
• 협조 노력</td></tr>
<tr><td rowspan="4">1203010502_13v1.3
특별 서비스 요청사항
점검하기</td><td>3.1 객실 서비스 규정에 따라, 승객 탑승 전, 해당 항공기의 특별 서비스 항목을 점검하고 조치할 수 있다.
3.2 객실 서비스 규정에 따라, 승객 탑승 전, 해당 승객의 특별 서비스 용품이 탑재되어 있는지를 점검하고, 조치할 수 있다.
3.3 고객 서비스 규정에 따라, 승객 탑승 후, 해당 승객의 특별 서비스 요청사항 외 추가 요청 사항이 없는지를 확인하고, 조치할 수 있다.</td></tr>
<tr><td>【지식】 • 객실 서비스 지침 이해
• 항공기 객실 구조 이해
• 항공 운송에 관한 일반적 실무 이해
• SSR(Special Service Request) 이해
• 특별 승객특성에 대한 지식 이해
• 특별 서비스 기물 및 용품 이해
• 특별 코드에 대한 지식</td></tr>
<tr><td>【기술】 • 객실 승무원 규정집 활용 기술
• 지상 직원과의 소통 기술
• 특별 서비스 기물 운반 및 배치기술</td></tr>
<tr><td>【태도】 • 협조 노력
• 인내성 있는 태도
• 주의 깊은 노력
• 유연한 태도</td></tr>
</table>

자가진단표

1203010502_13v1　　승객 탑승 전 준비

진단 영역	진단 문항	매우 미흡	미흡	보통	우수	매우 우수
기내서비스용품 점검하기	1. 나는 운송 서비스 규정에 따라, 객실 서비스에 필요한 서비스용품 탑재 여부를 점검하고, 조치할 수 있다.	①	②	③	④	⑤
	2. 나는 운송 서비스 규정에 따라, 서비스 용품의 품질 상태 및 이상유무를 점검하여, 조치할 수 있다.	①	②	③	④	⑤
	3. 나는 객실 서비스 규정에 따라, 서비스용품을 지정된 서비스 위치에 배열할 수 있다.	①	②	③	④	⑤
서비스 설비 및 기물 점검하기	1. 나는 객실 서비스 규정에 따라, 항공기 운항시 반드시 필요한 서비스 설비 및 기물의 이상 여부를 점검하고, 조치할 수 있다.	①	②	③	④	⑤
	2. 나는 객실 서비스 규정에 따라, 항공기 운항시 반드시 필요한 화장실 설비의 이상 유무를 점검하고, 조치할 수 있다.	①	②	③	④	⑤
	3. 나는 운송 서비스 규정에 따라, 항공기의 목적지 도착 시, 입국에 필요한 제반 입국 관련 서류의 탑재 여부 및 수량을 점검하고, 조치할 수 있다.	①	②	③	④	⑤
	4. 나는 객실 서비스 규정에 따라, 항공기 운항 시 판매할 면세품의 탑재 여부 및 수량을 점검하고, 조치할 수 있다.	①	②	③	④	⑤
특별 서비스 요청 사항 점검하기	1. 나는 객실 서비스 규정에 따라, 승객 탑승 전, 해당 항공기의 특별 서비스 항목을 점검하고 조치할 수 있다.	①	②	③	④	⑤
	2. 나는 객실 서비스 규정에 따라, 승객 탑승 전, 해당 승객의 특별 서비스 용품이 탑재되어 있는지를 점검하고, 조치할 수 있다.	①	②	③	④	⑤
	3. 나는 고객 서비스 규정에 따라, 승객 탑승 후, 해당 승객의 특별 서비스 요청 사항 외 추가 요청 사항이 없는지를 확인하고, 조치할 수 있다.	①	②	③	④	⑤

[진단결과]

진단 영역	문항 수	점수	점수 ÷ 문항 수
기내서비스용품 점검하기	3		
서비스 설비 및 기물 점검하기	4		
특별 서비스 요청사항 점검하기	3		
합계	10		

☞ 자신의 점수를 문항 수로 나눈 값이 '3점' 이하에 해당하는 영역은 업무를 성공적으로 수행하는 데 요구되는 능력이 부족한 것으로 교육훈련이나 개인학습을 통한 개발이 필요함.

(인용출처 : NCS 홈페이지-항공객실서비스)

능력단위 소개 '승객 탑승 및 이륙 전 서비스'

분류번호 : 1203010503_13v1
능력단위 명칭 : 승객 탑승 및 이륙전 서비스
능력단위 정의 : 승객 탑승 및 이륙전 서비스란 탑승위치 대기, 탑승권 재확인, 좌석 안내, 수하물 정리 지원, 특수 고객 지원, 탑승환영 안내 방송을 수행하는 능력이다.

능력단위요소	수행 준거
1203010503_13v1.1 탑승위치 대기하기	1.1 객실 서비스 규정에 따라, 승객의 항공기 탑승 전, 각자에게 부여된 임무를 수행하기 위하여 해당 근무지역에서 탑승을 위해 대기할 수 있다. 1.2 객실 서비스 규정에 따라 승객 탑승 시 대기 자세를 취할 수 있다. 1.3 객실 서비스 규정에 따라 승객 탑승 시 밝은 표정으로 환영 인사를 할 수 있다. 1.4 객실 서비스 규정에 따라 탑승 승객에 따른 눈높이 서비스 자세를 취할 수 있다.
	【지식】 • 객실 서비스 규정 이해 • 비행 전 업무절차 이해 • 승객 특성 이해
	【기술】 • 객실 서비스 규정 활용 기술 • 승객 특성에 따른 인사, 표정 기술 • 승객 특성에 따른 대화 기술
	【태도】 • 밝은 태도 • 공손한 태도 • 명료한 태도
1203010503_13v1.2 탑승권 재확인하기	2.1 객실 서비스 규정에 따라, 승객의 출발 일시를 확인할 수 있다. 2.2 객실 서비스 규정에 따라, 승객의 목적지를 파악할 수 있다. 2.3 객실 서비스 규정에 따라, 승객의 좌석 등급을 구별할 수 있다. 2.4 객실 서비스 규정에 따라, 승객의 좌석번호를 확인할 수 있다.
	【지식】 • 객실 서비스 규정에 대한 이해 • 비행 전 업무절차에 대한 이해 • 객실 구조에 대한 이해 • 승객 특성에 대한 이해 • 항공 운송 관련 기본 지식(예약 · 발권, 운송, 운항, 정비, 기내식)

	【기술】 • 객실 서비스 근무규정 활용 기술 • 비행전 업무절차 규정 활용 기술 • 탑승권 판독 능력 • 승객과의 의사소통 기술 • 의전 관련 기술
	【태도】 • 공손한 태도 • 정확성 유지 • 신속한 태도
1203010503_13v1.3 좌석 안내하기	3.1 객실 서비스 규정에 따라, 승객들에게 지정된 좌석번호를 재확인할 수 있다. 3.2 객실 서비스 규정에 따라, 좌석 배열을 파악하고, 승객에게 정확한 좌석으로 안내할 수 있다. 3.3 객실 서비스 규정에 따라, 승객에게 좌석 설비 사용법을 안내할 수 있다. 3.4 객실 서비스 규정에 따라, 좌석 상태를 파악하여, 조치할 수 있다.
	【지식】 • 승무원 근무절차 이해 • 객실승무원의 근무규정 이해 • 비행 전 업무절차 이해 • 좌석 배열 이해 • 좌석의 특성 이해 • 좌석의 설비(이어폰잭, 독서등 등) 이해 • 좌석의 사용법
	【기술】 • 객실 서비스 규정활용 기술 • 좌석 벨트 착용 기술 • 오디오 비디오 작동 기술
	【태도】 • 적극적인 태도 • 협조 노력 • 배려있는 태도
1203010503_13v1.4 수하물 정리 지원하기	4.1 객실 서비스 규정에 따라, 좌석 주변의 공간을 파악하여, 승객에게 객실 선반의 위치를 안내할 수 있다. 4.2 객실 서비스 규정에 따라, 안전하게 선반을 작동할 수 있다. 4.3 객실 서비스 규정에 따라, 수하물의 특성별로 보관하도록 안내할 수 있다. 4.4 객실 서비스 규정에 따라, 수하물을 안전하게 다룰 수 있다. 4.5 객실 서비스 규정에 따라, 수하물의 보관 위치를 기억하여, 승객에게 다시 전달할 수 있다.
	【지식】 • 객실 서비스 규정 이해 • 좌석 하단 특성 이해 • 수하물 선반 사용 특성 이해 • 코트룸 특성 이해

	【기술】 • 객실 서비스 근무규정 활용 기술 • 수하물 선반 사용 기술 • 코트룸 사용 기술 • 좌석 하단 사용 기술
	【태도】 • 안전성 유지 노력 • 정중한 태도 • 유연한 태도 • 정확성 유지
1203010503_13v1.5 특수 고객 지원하기	5.1 객실 서비스 규정에 따라, 특수 고객 탑승 여부를 확인할 수 있다. 5.2 객실 서비스 규정에 따라, 특수 고객의 특성에 따른 인사를 하고, 좌석 안내할 수 있다. 5.3 객실 서비스 규정에 따라, 특수 고객에게 기내 설비 사용법을 안내할 수 있다. 5.4 객실 서비스 규정에 따라, 특수 고객에 대한 여행 편의를 제공할 수 있다.
	【지식】 • 객실 서비스 규정 이해 • 비상 응급조치 이해 • 의전에 대한 지식 • 특수 승객의 특성 이해
	【기술】 • 객실 서비스 규정 활용 기술 • 탑승객과의 원활한 소통 기술 • 휠체어 사용 기술 • 특수 고객 응대 기술
	【태도】 • 정중한 태도 • 사려 깊은 태도 • 인내성 있는 태도
1203010503_13v1.6 탑승 환영 안내 방송하기	6.1 객실 서비스 규정에 따라 방송에 필요한 정보를 파악할 수 있다. 6.2 객실 서비스 규정에 따라 탑승환영 안내 방송에 필요한 언어를 구사할 수 있다. 6.3 객실 서비스 규정에 따라 탑승환영 안내 방송에 필요한 표준어 사용을 할 수 있어야 한다.
	【지식】 • 객실 서비스 규정(안내) • 한국어, 영어 및 목적지 국가 언어(일본어, 중국어 등) 이해
	【기술】 • 영어, 일어, 중국어 구사 능력 • 표준어 구사 기술 • 음성 표현 기술
	【태도】 • 성실한 태도 • 정확성 유지 • 명료한 태도

자가진단표

1203010502_13v3 | 승객 탑승 및 이륙 전 서비스

진단 영역	진단 문항	매우 미흡	미흡	보통	우수	매우 우수
탑승위치 대기하기	1. 나는 객실 서비스 규정에 따라, 승객의 항공기 탑승 전, 각자에게 부여된 임무를 수행하기 위하여 해당 근무지역에서 탑승을 위해 대기할 수 있다.	①	②	③	④	⑤
	2. 나는 객실 서비스 규정에 따라 승객 탑승 시 대기 자세를 취할 수 있다.	①	②	③	④	⑤
	3. 나는 객실 서비스 규정에 따라 승객 탑승 시 밝은 표정으로 환영 인사를 할 수 있다.	①	②	③	④	⑤
	4. 나는 객실 서비스 규정에 따라 탑승 승객에 따른 눈높이 서비스 자세를 취할 수 있다.					
탑승권 재 확인하기	1. 나는 객실 서비스 규정에 따라, 승객의 출발 일시를 확인할 수 있다.	①	②	③	④	⑤
	2. 나는 객실 서비스 규정에 따라, 승객의 목적지를 파악할 수 있다.	①	②	③	④	⑤
	3. 나는 객실 서비스 규정에 따라, 승객의 좌석 등급을 구별할 수 있다.	①	②	③	④	⑤
	4. 나는 객실 서비스 규정에 따라, 승객의 좌석번호를 확인할 수 있다.	①	②	③	④	⑤
좌석 안내 하기	1. 나는 객실 서비스 규정에 따라, 승객들에게 지정된 좌석번호를 재확인할 수 있다.	①	②	③	④	⑤
	2. 나는 객실 서비스 규정에 따라, 좌석 배열을 파악하고, 승객에게 정확한 좌석으로 안내할 수 있다.	①	②	③	④	⑤
	3. 나는 객실 서비스 규정에 따라, 승객에게 좌석 설비 사용법을 안내할 수 있다.	①	②	③	④	⑤
	4. 나는 객실 서비스 규정에 따라, 좌석 상태를 파악하여, 조치할 수 있다.					
수하물 정리 지원 하기	1. 나는 객실 서비스 규정에 따라, 좌석 주변의 공간을 파악하여, 승객에게 객실 선반의 위치를 안내할 수 있다.					
	2. 나는 객실 서비스 규정에 따라, 안전하게 선반을 작동할 수 있다.					
	3. 나는 객실 서비스 규정에 따라, 수하물의 특성별로 보관하도록 안내할 수 있다.					
	4. 나는 객실 서비스 규정에 따라, 수하물을 안전하게 다룰 수 있다.					
	5. 나는 객실 서비스 규정에 따라, 수하물의 보관 위치를 기억하여, 승객에게 다시 전달할 수 있다.					

특수 고객 지원하기	1. 나는 객실 서비스 규정에 따라, 특수 고객 탑승 여부를 확인할 수 있다.					
	2. 나는 객실 서비스 규정에 따라, 특수 고객의 특성에 따른 인사를 하고, 좌석 안내할 수 있다.					
	3. 나는 객실 서비스 규정에 따라, 특수 고객에게 기내 설비 사용법을 안내할 수 있다.					
	4. 나는 객실 서비스 규정에 따라, 특수 고객에 대한 여행 편의를 제공할 수 있다.					
탑승 환영 안내방송 하기	1. 나는 객실 서비스 규정에 따라 방송에 필요한 정보를 파악할 수 있다.					
	2. 나는 객실 서비스 규정에 따라 탑승환영 안내 방송에 필요한 언어를 구사할 수 있다.					
	3. 나는 객실 서비스 규정에 따라 탑승환영 안내 방송에 필요한 표준어 사용을 할 수 있어야 한다.					

[진단결과]

진단 영역	문항 수	점수	점수 ÷ 문항 수
탑승위치 대기하기	4		
탑승권 재확인하기	4		
좌석 안내하기	4		
수하물 정리 지원하기	5		
특수 고객 지원하기	4		
탑승 환영 안내방송하기	3		
합계	24		

☞ 자신의 점수를 문항 수로 나눈 값이 '3점' 이하에 해당하는 영역은 업무를 성공적으로 수행하는 데 요구되는 능력이 부족한 것으로 교육훈련이나 개인학습을 통한 개발이 필요함.

(인용출처 : NCS 홈페이지-항공객실서비스)

CONTENTS

PART 2
승객 탑승 및 이륙 전 서비스

CONTENTS

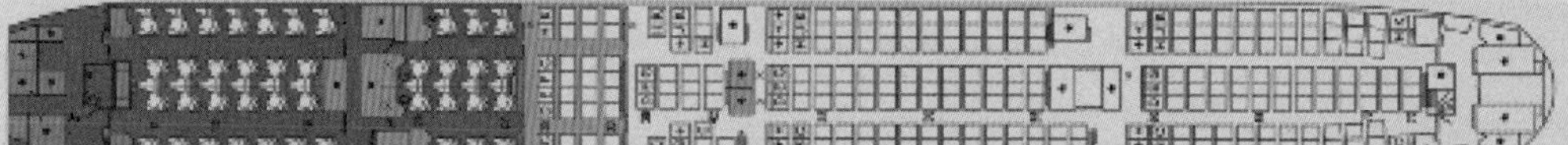

PART 1

승객 탑승 전 준비

교재 활용법

본 교재의 학습능률을 높이기 위해 NCS(국가직무능력표준, www.ncs.go.kr) 홈페이지 접속 후 ① 분야별 검색 ▸ ② 12번 항목 숙박, 여행, 오락(대분류) ▸ ③ 3번 항목 관광레저(중분류) ▸ ④ 1번 항목 여행서비스(소분류) ▸ ⑤ 5번 항목 항공객실서비스(세분류) 순으로 검색하면 나타나는 항공객실서비스 능력단위 페이지 내 기술되어 있는 "NCS 항공객실서비스 능력단위별 학습모듈"과 병행학습하면 우수한 학습효과를 얻을 수 있다.

능력단위 정의

승객 탑승 전 준비란 기내 서비스용품 점검, 서비스 설비 및 기물 점검, 특별서비스 요청사항 점검을 수행하는 능력이다.

학습 목표

기내 서비스용품 점검, 서비스 설비 및 기물 점검, 요청사항 점검을 수행할 수 있다.

선수 학습

운송 서비스 규정, 객실 서비스 규정, SSR(special service Request), 서비스용품 리스트, 기물 리스트, 국가별 입국서류의 종류 및 작성법 등의 내용을 숙지

핵심 용어

승객 탑승, 기내 서비스용품 기내 서비스용품 점검 서비스 설비, 기물 점검, 운송 서비스 규정, 객실 서비스 규정, 항공기 객실 구조, 객실 체크리스트, 입국서류, SSR(special service Sequest/SHR-Special Handling Request), 기물, 화장실 설비

(인용출처 : NCS 홈페이지-항공객실서비스)

객실승무원은 승객 탑승 전 완벽한 Pre-Flight Check의 일환인 안전, 보안 점검을 끝내고 객실브리핑시 개인에게 부여된 승객탑승 전 서비스 직무를 수행해야 한다. 모든 객실승무원은 기내식, 음료수, 신문, 잡지, 베개, 담요, 이어폰, 면세품, 입국서류 등의 점검을 수행해야 하며 서비스 기물, 객실 설비의 이상 여부, 화장실 설비, 입국서류 탑재량, 면세품 탑재현황, 객실 청소 여부를 파악하여 객실사무장/캐빈매니저에게 보고하고 완벽한 객실 서비스의 진행을 위해 노력해야 한다.

Chapter 01

기내 **서비스용품** 점검하기

1. 기내 서비스용품
2. 객실 서비스용품 점검

Chapter 01

기내 **서비스용품** 점검하기

수행 준거

- 운송 서비스 규정에 따라, 객실 서비스에 필요한 서비스용품 탑재 여부를 점검하고, 조치할 수 있다.
- 운송 서비스 규정에 따라, 서비스용품의 품질 상태 및 이상 유무를 점검하여, 조치할 수 있다.
- 객실 서비스 규정에 따라, 서비스용품을 지정된 서비스 위치에 배열할 수 있다.

(인용출처 : NCS 홈페이지-항공객실서비스)

01 기내 서비스용품

기내 서비스용품은 항공기 내에서 서비스에 필요한 기내식 및 음료, 기내 면세품, 출입국 서류, 장거리용 헤드폰과 단거리용 이어폰, 베개, 신문, 잡지, 담요 등의 기내 서비스에 필요한 용품을 의미한다.

02 객실 서비스용품 점검

비행 전/중 탑승객에게 제공하는 기내식을 포함 하여 기내 서비스에 필요한 모든 서비스용품은 객실승무원이 기내에 탑승하기 전에 탑재원에 의해 기내 지정된 장소에 탑재되며 객실 서비스용품의 특징은 ① 국가에서 세금을 면제받는 면세품, ② 승객 및 승무원의 안전을 위해 보안절차를 거쳐야 하므로 아래의 순서에 의거해 기내에 탑재하게 된다.

기내식(기용품, 면세품) 보관창고 ➡ 비행별 필요량 계산 및 검수 ➡ Food Car 탑재 ➡ 보안검사 ➡ 항공기 도착 ➡ 기내 탑재 ➡ 승무원 인계 ➡ 비행 중 사용 ➡ 도착 전 봉인 ➡ 기용품 하기 탑재원에게 인계 ➡ 하기 ➡ Food Car 탑재 ➡ 보안검사 ➡ 기내식(기용품, 면세품) 보관창고 입고

따라서 객실승무원은 탑재된 서비스용품을 승객 탑승 전 반드시 물품의 수량, 위치, 보안상태, 사용 가능 여부를 확인해야 하며 기내에 탑재되게 되는 서비스용품은 매번 비행시 기본적으로 탑재되는(스탠다드 로딩, Standard Loading) 서비스 기물과 객실승무원의 요구에 따라 탑재되는 추가용품(Additional Loading)으로 구분되고 당일 비행기 예약 승객수와 비행거리에 따라 기내식 및 음료의 수량과 종류가 구별되어 탑재된다.

따라서 항공기에 사전 탑재되어 있는 서비스용품의 점검절차와 미탑재시 조치사항은 아래와 같다.

1. 캐리어박스 점검(Carry on Box) / 카트(Cart) 점검, Compartment

Carry on Box와 기내식 및 음료/주류 탑재용 카트는 객실승무원이 되면 제일 많이 접하게 되는 기물이며 가볍고 단단한 알루미늄 철제로 제작되어 있고 깨

Carrier Box, Carry on Box

Cart

지거나 파손되기 쉬운 식자재, 기내 서비스용품을 적재하여 기내에 탑재 하는데 쓰인다.

모든 캐리어박스/탑재용 카트에는 바깥쪽에서 내용물을 쉽게 파악할 수 있도록 외부에 내용물의 종류와 상태를 알려주는 스티커를 부착하게 되며 객실승무원은 승객 탑승 전 외부에 부착된 스티커나 탑재 내용을 알려주는 Tag의 품목 및 수량을 확인 후 Door를 열어 외부에 표시된 수량과 일치하는지 육안으로 관찰한다.

기내 탑재공간의 절감을 위해 캐리어박스는 앞뒤 이중으로(Double Setting) 탑재되는 경우가 있으니 앞쪽뿐만 아니라 뒤쪽도 반드시 확인하여야 한다.

> ▶ **점검시 준비물** : 메모패드, 볼펜
>
> ▶ **미탑재시 조치사항** : 선임 승무원/객실사무장/캐빈매니저에게 보고하여 기내용품 탑재 담당자 호출, 신속히 조치 및 적정량이 탑재될 수 있도록 한다.

2. 기내식 탑재상태 점검(In Flight Service Meal)

기내식(機內食)은 항공기 내에서 항공회사가 제공하는 맛있는 식사 및 음료를

아시아나 항공사의 기내식 LSG 사업소, 부천 오쇠동에 소재

총칭한다. 항공회사의 서비스의 일부로서 무료(항공운임의 일부) 혹은 유료로 기내에서 승객에게 제공되는 식사/음료를 가리키는데, 최초의 기내식은 1919년 런던 - 파리 노선을 운항하던 Handley Page Transport(주 사업은 항공기 개발, 제작이지만 이 당시에는 운송사업도 병행했다)가 1919년(10월 11일), 샌드위치와 과일 등으로 구성된 런치 박스를 기내에서 제공 하면서 시작되었다. 당시 런치 박스는 무료가 아니었으며, 일인당 적지 않은 금액을 주고 구입해야 했다. 하지만 지금 형태의 기내식이 제공되기 시작한 것은 1936년이 되어서였다.

당시 유나이티드 에어라인은 항공기 안에 주방(Galley)을 설치해 음식을 제공하기 시작했다. 기내에서도 찬 음식이 아닌 따뜻하게 데워진 음식을 접할 수 있게 되었으며, 이를 시작으로 다른 항공사들도 기내에 주방을 점차 도입하기 시작했다.

기내식 차원에서 승객과 운항승무원, 객실승무원 등이 항공기 내에서 취식하는 식사도 승객에게 제공되는 기내식과 똑같다. 하지만 운항의 특수성과 보안을 고려하여 운항승무원에게는 한 단계 진보된 보안방식을 적용하는 것이 다를 뿐이며 기내에서 섭취하는 모든 것을 기내식이라 하지는 않는다. 특히 승객이

기내식 탑재를 위해 기물 정리하는 모습

가지고 온 도시락이나 김밥, 라면 등 승객이 항공기 안으로 반입한 음식은 기내식이라고 지칭하지 않는다.

기내식은 단거리 노선의 간단한 음료부터 중·장거리 노선의 일등석/비즈니스/일반석에서 제공되는 코스 요리까지 종류가 매우 다양하며 주로 국제선에서만 제공되고 비행시간이 6시간 이내이면 1번, 6~12시간이면 2번, 12시간을 넘어가면 간식이 추가로 제공된다. 또한 기내식 메뉴는 서양식을 근본으로 하며 내국인 승객을 위한 한식, 일식, 중식을 서비스하고 건강, 종교 등의 이유로 특별식(Special Meal)을 신청하는 승객에게도 차별화된 기내식을 만들어 제공하고 있다.

항공기에 기내식과 서비스용품을 탑재 중인 조업사

모든 기내식은 노선 및 서비스 시점에 따라 다르며, 다양한 메뉴를 위해 3~4개월 주기로 메뉴가 변동된다. 현재 기내식 흐름은 저비용 항공사(Low Cost Carrier)가 출현하여 양분되고 있는 추세이다. 저비용 항공을 중심으로는 유료 기내식을 채택

하는 항공사가 증가하는 반면, 퍼스트 클래스 등 고단가 항공요금 승객을 유치하기 위해 기내식을 고급화하는 대한항공 같은 프리미엄 항공사 역시 증가하고 있어 어느 흐름이 승객에게 더 다가갈지 조금 더 시간이 필요하다는 생각이 든다.

기내식을 점검하는 담당 승무원은 한식/양식 등 기내식 한 카트당 탑재되어 있는 기내식 중 몇 개씩 무작위로 빼내어 아래와 같은 구성품(디저트, 샐러드, 와인잔, 포크 및 수저, 나이프)이 제대로 탑재되었는가를 반드시 점검하여야 한다.

아래의 예를 들면 현장에서 종종 발생하는 실수는 한식 비빔밥 Tray 위의 참기름이 빠져있는 경우, 양식의 경우에는 Tray 위에 버터(Butter)나 샐러드 드레싱(Dressing) 같은 구성품이 빠져있는 경우가 있으며 아예 탑재되지 않는 경우도 있으니 구성품의 탑재를 확인하는 승무원의 꼼꼼함이 매우 필요하다.

대한항공의 한식 기내식 구성–비빔밥

Special Meal이란 건강과 종교상의 이유나 기념일 축하를 위해 항공 예약시 특별히 주문하여 객실에 탑재, 서비스되는 식사로서 영·유아식, 아동식, 종교식, 건강식, 기념일 축하식으로 구분되고 SHR(Special Handling Request, 기내 특별한 주문 및 승객사항을 기록하여 객실승무원이 참고로 하는 문서로서 비행이 종료되면 개인정보 보호 위해 파기함. SSR–Special Service of Requirement라고도 한다)에 약어로 등재된다. 객실승무원은 담당구역의 스페셜밀 주문승객에 대해 정확히 알고 있어야 하며, 특히 어린이용 식사(Child meal)

에는 주스, 초콜릿, 과자, 사탕류 등 여러 가지 점검할 사항이 있으니 탑재에 문제가 발생하면 객실사무장/캐빈매니저에게 즉시 보고하여야 한다.

승객 탑승 전 스페셜밀 점검하는 객실승무원

기내에 탑재되는 영아, 유아용 스페셜밀

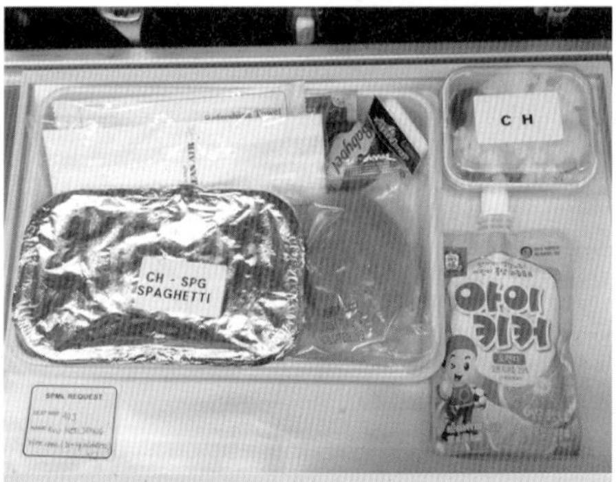

기내에 탑재되는 어린이용 스페셜밀

Meal Cart를 열어 보고 꼼꼼히 확인해야 한다. 특히 상하기 쉬운 요구르트, 우유는 반드시 상태를 정밀하게 관찰한다.

기내식 점검하는 객실승무원

기내식 점검시 객실승무원은 기내식 탑재된 카트의 내부를 점검하고 Tray 상의 Setting 상태를 확인하며 탑재된 내용물의 수량과 위생상태, 유효기간을 확인해야 한다.

기내식의 점검은 2nd 기내식까지 함께 실시해야 하므로 탑재수량이 상당히 많아 정확한 수량 파악/신속한 동작과 꼼꼼한 내용물 확인이 요구되며 처음에 실시하는 승무원은 계산기와 메모패드를 가지고 점검하는 것을 권장한다.

- **점검시 준비물** : 메모패드, 볼펜, 필요시 계산기
- **미탑재시 조치사항** : 선임 승무원/객실사무장/캐빈매니저에게 보고하여 기내식 탑재 담당자 호출, 미탑재 용품이 신속히 조치 및 탑재될 수 있도록 한다.

3. 신문, 잡지(News, Paper and Magazine) 탑재상태 점검

신문 세팅하는 저자

일반적으로 주니어 승무원의 국제/국내선 모든 비행의 시작은 신문 세팅에서부터 시작된다. 제호가 잘 보이도록 세팅하며 영자 신문은 카트 중단에 세팅한다.

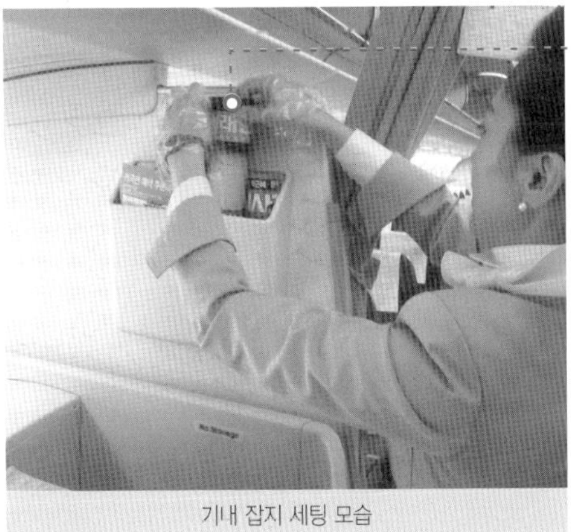
기내 잡지 세팅 모습

기내 잡지는 일등석, 비즈니스, 일반석에 모두 제공되며 사진과 같이 시니어가 세팅한다. 비행 후 모아서 잡지백에 넣고 봉인하여 재사용한다.

국제선 갤리에 신문을 세팅하는 경우는 승객 탑승이 2군데로 시행할 경우 갤리에 세팅하며 객실승무원은 승객이 신문을 집어갈 수 있도록 탑승시 적극적으로 안내해야 한다.

국제선 비행기 갤리 안에 준비된 신문

매 비행시 기내 탑재요원에 의해 신문과 잡지가 기내에 탑재되게 되는데 이때 신문은 종류별 묶음으로(Bulk) 탑재되며 잡지는 잡지전용 보관 Bag에 담아서 탑재되게 된다. 이때 객실승무원은 객실브리핑시 객실사무장/캐빈매니저가 제공한 각 클래스의 탑승승객 숫자에 맞추어 탑재 수량을 파악하고 부족시 기내 탑재요원에게 고지하여 추가분을 확보해야 한다. 잡지전용 백은 클래스별로 1Bag씩 봉인(Sealing)하여 탑재되니 시건장치를 풀어 내용물을 확인하고 적절히 배분하여 사용한다.

모든 클래스의 신문 세팅 임무는 보통 해당 편 제일 주니어 승무원이 담당하고 잡지는 각 클래스의 잡지담당 승무원이 준비한다.

특히 신문묶음은 아주 질기고 단단한 노끈으로 묶여져 있어서 미국의 9 · 11 사태 이전, 즉 항공기 보안이 강화되기 전에는 신문담당 승무원마다 유니폼 주머니에 연필깍기 칼을 소지하고 다니곤 했는데 현재는 보안상 불가능하다.

따라서 여성 승무원이 맨손으로 풀기에는 적절치 않고 보통 객실정비사에게 부탁하여 정비도구를 이용하여 풀곤 했다. 만일 기내에 객실정비사가 부재 중일 경우 당황하지 말고 약간의 시간이 소요되지만 하단의 방법을 사용하자.

기내 탑재 신문뭉치의 결박끈을 푸는 방법 : 현장에서는 오른쪽 사진과 같이 한다.

① 신문묶음 연결된 부분을 뒤집으면 조금 긴 부분이 있다.

② 이곳을 당기면 벌어지기 시작하는데

③ 한올 한올 잡아 당기면 쉽게 풀어 사용할 수 있다. (약 5초 소요)

참고로 현장에서는 모든 신문 세팅 담당승무원이 이 방법을 쓰고 있다.

대한항공 기내 Seat pocket 잡지

아시아나항공 기내 Seat pocket 잡지

또한 기내 Seat pocket에 정리되어 있는 기내 잡지의 종류를 점검하고 미흡 시 기내 미화원에게 연락하여 순서대로 정리하도록 하고 부족한 종류는 채워 넣도록 한다. 여러 종류의 잡지가 Seat pocket에 세팅되나 안전을 설명하는 Safety Card 팸플릿이 제일 앞으로 나와야 하며 이것은 국토교통부에서 주관하는 항공안전점검에 자주 지적되는 사항이니 철저한 점검이 필요하다.

- ▶ **점검시 준비물** : 메모패드, 볼펜, 필요시 장갑
- ▶ **미 탑재시 조치사항** : 선임 승무원/객실사무장/캐빈매니저에게 보고하여 신문 탑재담당자/기내 미화인력 호출하여 신속히 조치 및 탑재될 수 있도록 한다.

4. 베개, 담요(Pillow and Blanket) 탑재상태 점검

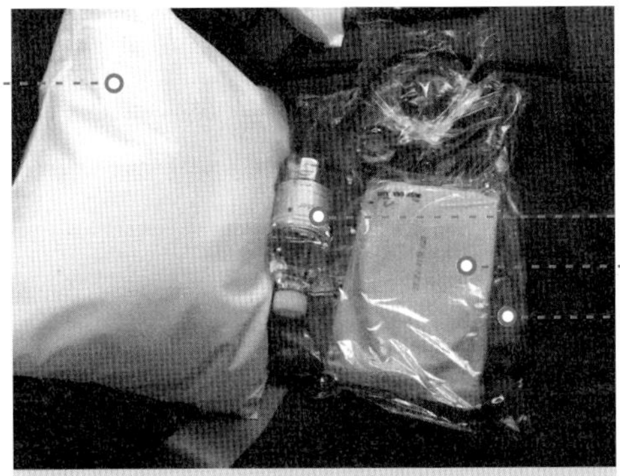

일반석 좌석에 세팅된 베개, 담요

승객 탑승 전 객실승무원은 객실브리핑시 부여된 담당구역별로 좌석 위에 놓여있는 담요와 베개의 숫자가 일치하는지, 추가 담요와 베개는 확보되어 있으며 어느 위치에 탑재되는지 담당구역의 탑재량과 현황을 파악한 후, 여유분의 베개, 담요는 오버헤드빈이나 코트룸(Coat room)을 이용하여 보관하고 보관위치를 모든 승무원이 알 수 있도록 정보를 공유해야 한다. 만일 부족시 기내 탑재요원에게 즉시 고지하여 추가 탑재될 수 있도록 한다.

기내 현장에서 여유분의 담요와 베개는 일반적으로 오버헤드빈(Overhead bin)

내에 보관하며 함께 근무하는 객실승무원에게 정보를 공유하지 않을 시 다른 승무원은 담당구역 전체 오버헤드빈을 전부 열어 보아야 하는 불편과 여는 과정에서 수하물 낙하의 위험성이 있기 때문에 여유분 담요, 베개의 보관위치에 관한 승무원 간 정보공유는 반드시 필요하다.

- **점검시 준비물** : 메모패드, 볼펜, 여유분 보관위치 알릴 수 있는 스티커
- **미탑재시 조치사항** : 선임 승무원/객실사무장/캐빈매니저에게 보고하여 객실정비사, 기내용품 및 청소 담당자(기내청소 반장) 호출, 신속히 조치 및 탑재될 수 있도록 한다.

5. 이어폰/헤드폰(Ear Phone/Head Phone) 탑재상태 점검

단거리용 이어폰

장거리용 헤드폰

국제선 비행에서 중국/일본왕복 노선 같은 단거리 비행은 이어폰(Earphone)을 서비스하고 미주/구주/대양주 등의 장거리 비행은 헤드폰(Headphone)을 제공한다. 따라서 승객 탑승 전 각 비행노선에 맞는 이어폰과 헤드폰의 탑재수량, 위치를 점검하여야 하며 단거리 비행인 경우 왕복분이 인천공항에서 탑재되고 장거리 비행인 경우 목적지에 도착하면 해당 공항에서 탑재되므로 승객숫자를 염두에 두고 충분한 수량을 먼저 확보해야 한다.

일반적으로 이어폰은 묶음(Bulk)으로 헤드폰은 가방(Bag)형태로 항공기에 탑재되게 된다. 이어폰과 헤드폰은 현장에서 점검하는 객실승무원이 점검하기 제

일 까다로운 품목으로 알려져 있으며 종종 미탑재되는 경우도 발생하니 정확하고 꼼꼼한 점검이 필요하다. 대한항공에서는 2015년 5월부터 단거리용 이어폰 포장 사양을 변경하였다.(내용물 동일)

- **점검시 준비물** : 메모패드, 볼펜
- **미탑재시 조치사항** : 선임 승무원/객실사무장/캐빈매니저에게 보고하여 기내용품 탑재 담당자 호출, 신속히 조치 및 탑재될 수 있도록 한다. 헤드폰(Head phone)이 부족한 경우 기내식 사업소에서 직접 수령하여 기내에 탑재되기 때문에 항공기가 정시 출발을 하지 못하는 경우가 발생하곤 한다. 따라서 기내에 탑승하게 되면 제일 먼저 점검하는 습관을 길러야 한다.

6. 면세품 탑재 여부(Duty Free Item) 점검

승객 탑승 전 꼼꼼하게 면세품 탑재 내역을 점검하는 객실승무원

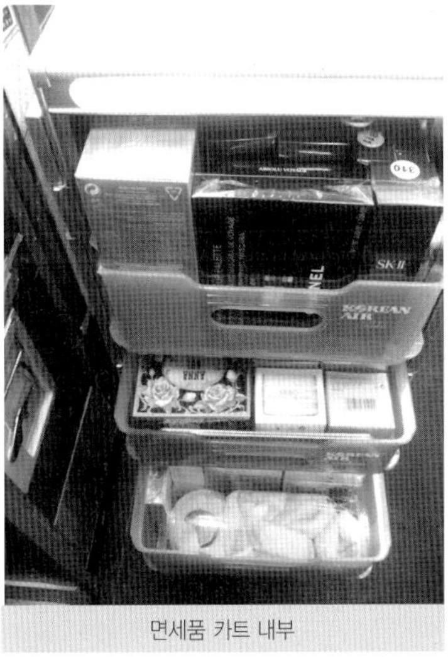
면세품 카트 내부

면세품 카트 세팅된 모습

항공기 승객 탑승 전 면세품 담당 승무원은 면세품 탑재요원과 함께 기내에 탑재된 면세품의 인수인계를 담당하게 된다. 면세품은 대부분 고가이고 항공기 탑재에 최적화될 수 있는 부피가 적은 물품이므로 탑재요원이 제시한 탑재 목록을 사용하여 빠트리지 않도록 신중하고/꼼꼼하게 점검해야 한다.

면세품 점검 요령은 탑재요원이 물품을 보여주며 탑재된 숫자를 이야기하면 면세품 담당 객실승무원이 원장(판매일보/정확한 명칭은 면세품 탑재목록이나 보통 현장 승무원 사이에서는 원장이라 부른다)에 체크를 하며 물품의 숫자와 파손상태를 같이 확인하면 되고 아울러 면세품 구입 승객에게 물품을 담아 제공하는 Shopping Bag, POS 단말기, 단말기 작동용 배터리, 추가인쇄용지 등 기내판매 보조용품의 탑재도 확인해야 한다. 또한 고가의 기내면세품 판매품목을 제외한 일부 품목은 Seal to Seal 방식으로 캐리어박스 채로 인수인계할 경우도 있으니 이러한 경우에는 캐리어박스를 봉인한 Seal Number가 인계하는 조업원이 불러주는 대로 번호가 정확히 맞는지, 봉인장치가 훼손되어 있지 않은지를 꼼꼼하게 점검해야 한다.

추가 점검사항

- 당월 기내 판매 환율점검(매월 변동이 있음)
- 기내 판매시 사용한 잔돈 수령 점검
- 당월 특별 프로모션 또는 지정 면세품 특별할인에 대해 숙지
- 면세품 판매시 사용할 쇼핑백 위치 및 수량 점검
- 기내 면세품 판매기기(칼포스) 정상작동 및 보조 배터리 점검
- 판매담당 승무원이 사용하는 면세품 리스트(조견표) 탑재
- 야간 비행시 사용하는 기내 판매용 플래시 라이트(Flash light)

기판용백

환승승객용 백

POS 단말기

기판책자

잔돈

▶ **점검시 준비물** : 메모패드, 볼펜, 면세품 탑재목록(원장)

▶ **미탑재시 조치사항** : 선임 승무원/객실사무장/캐빈매니저에게 보고하여 기내 면세용품 탑재 담당자 호출, 신속히 조치 및 추가 탑재될 수 있도록 한다.

(기내 면세품 중 미탑재 물품이 발생한 경우 추가 탑재할 시간이 없을 때는 담당자의 서명을 받고 출발할 수 있다. 또한 기적대장상 없는 물품이 탑재되었을 경우에는 항공기 지연사유가 발생할 수 있기 때문에 일단 비행 후 인천공항 도착시 담당자에게 인계해야 한다)

☑ 사진으로 보는 기내판매 인수인계 절차

객실브리핑시 담당 지정 – 지상

기내판매품 인수 – 지상

기내판매품 점검 – 지상

기내판매 준비 – 비행 중

기내판매 실시 – 비행 중

기내판매 후 물품 정산 –비행 중

기내판매 후 대금 정산 – 비행 중

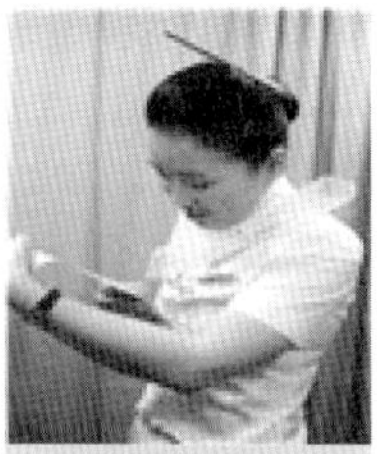
정산 결과 검토 – 비행 중

인계용 기내판매 영수증 출력 – 비행 중

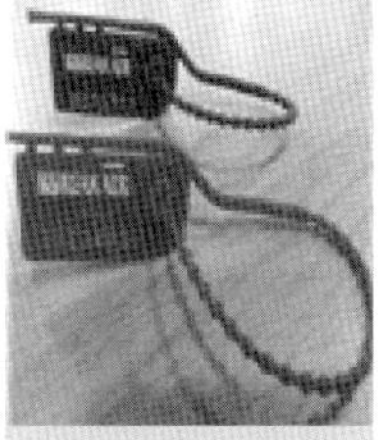
기내봉인장치 이용하여

캐리어박스와 기내판매 카트를 봉인한다 – 비행 중

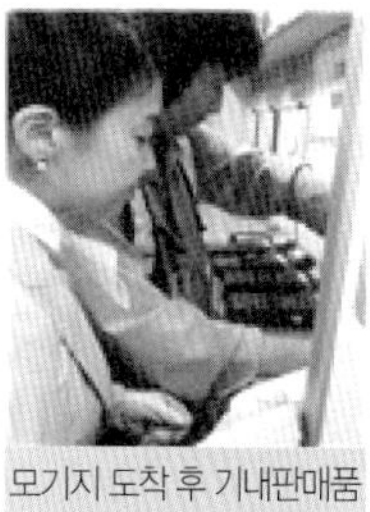
모기지 도착 후 기내판매품 하기 담당자에게 인계 – 도착 후 지상

Chapter

02

서비스 **설비** 및 **기물** 점검하기

1. 서비스 기물(Service Tools) 점검
2. 갤리 설비 이상 여부(Galley Facilities) 점검
3. 승객 좌석(Passenger Seat) 점검
4. 승무원 좌석(Jump Seat) 점검
5. 코트룸(Coat Room) 점검
6. 수하물선반(Overhead Bin) 점검
7. 기내 통로(Aisle) 점검
8. 화장실 설비(Lavatory Facilities) 점검
9. 입국서류 탑재(Entry Card)상태 점검
10. 기내 서비스 기물 운반 및 배치기술
11. 지상직원과의 소통

Chapter 02

서비스 **설비** 및 **기물** 점검하기

수행준거

- 객실 서비스 규정에 따라, 항공기 운항시 반드시 필요한 서비스 설비 및 기물의 이상 여부를 점검하고, 조치할 수 있다.
- 객실 서비스 규정에 따라, 항공기 운항시 반드시 필요한 화장실 설비의 이상 유무를 점검하고, 조치할 수 있다.
- 운송 서비스 규정에 따라, 항공기의 목적지 도착 시, 입국에 필요한 제반 입국 관련 서류의 탑재 여부 및 수량을 점검하고, 조치할 수 있다.
- 객실 서비스 규정에 따라, 항공기 운항 시 판매할 면세품의 탑재 여부 및 수량을 점검하고, 조치할 수 있다.

(인용출처 : NCS 홈페이지-항공객실서비스)

01 서비스 기물(Service Tools) 점검

서비스 기물은 객실브리핑시 객실사무장/캐빈매니저에 의해 사전 부여된 임무 중 갤리 듀티(Galley Duty)승무원이 담당하여 점검하게 되는데, 점검해야 될 기물은 주로 아래와 같다.

Pot, 아이스박스, 각종 통(Tong), 와인 오프너, 장갑, Drawer, 서비스용 Tray, 머들러세트(Muddler Set), 각종 바스켓(Baskets), 소모품 캐리어박스 내 서류, 화장실용품 등이며 담당 승무원이 점검 후 부족한 기물이 발견되면 객실사무장/캐빈매니저에게 보고하고 적정량을 탑재요원에게 요청하여 추가 탑재하도록 하면 된다.

사실 수많은 기물 중 하나쯤 없어도 된다 라는 생각을 하기 쉽지만 막상 기내 서비스할 때 서비스 기물 중 단 한 개라도 부족하면 엄청난 불편을 겪고 승객 불만까지 야기시킬 수 있는 용품이니 빠짐없이 점검하도록 해야 한다.

기내에 탑재되는 서비스 기물 사용원칙은 아래와 같다.

1) 각 클래스 별로 정해진 서비스 기물을 사용해야 하고
2) 모든 서비스 기물은 위생을 고려하여 갤리바닥이나 복도에 내려놓지 않아야 하며
3) 서비스 시작 전에 서비스 기물의 청결도 및 상태를 점검한 후 사용해야 한다.
4) 그리고 사용한 기물은 다음팀이 연속 사용할 수 있도록 안전하게 회수, 보관하여야 하며
5) 갤리에서만 사용해야 하는 기물은 승객이 볼 수 있는 장소에서 사용하지 않는다.
6) 마지막으로 서비스 기물을 취급 시 에는 부딪히거나 떨어뜨리는 등 기물로 인해 소음이 발생하지 않도록 유의해야 한다.

빵바스켓 / 타월바스켓 / 아이스 스쿱 / 타월집게 Tong / 커피 포트
얼음집게 / 와인따개 / 와인서버 / 돋보기 / 서빙 트레이
머들러 박스 / 장갑 / 화장실용품

▶ **점검시 준비물** : 메모패드, 볼펜

▶ **미탑재시 조치사항** : 선임 승무원/객실사무장/캐빈매니저에게 보고하여 기내용품 탑재 담당자 호출, 신속히 조치 및 탑재될 수 있도록 한다.

02 갤리 설비 이상 여부(Galley Facilities) 점검

객실승무원의 비행업무에 있어서 갤리(Galley)는 상당히 중요한 부분을 차지한다고 할 수 있다. 비행업무의 95% 이상이 갤리에서 이루어지며 비행의 마무리 역시 갤리에서 끝난다고 생각해도 과언이 아닌 만큼 갤리의 중요성과 비중이 크다.

따라서 승객 탑승 전 갤리를 구성하고 있는 갤리 설비(Galley Facilities)의 점검은 필수항목이라고 생각하며 비행 중 구성품이 작동을 멈추면 상당한 불편을 감수해야 한다.

아래의 갤리 구성품을 위주로 점검하고 구성품의 점검 요령을 숙지하여 꼼꼼하게 점검하도록 해야 한다.

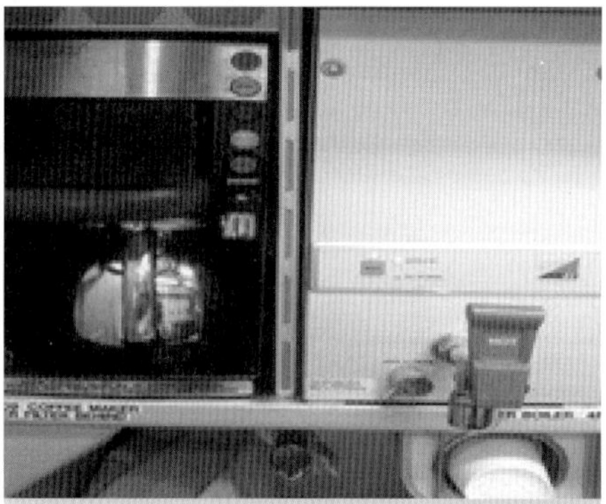

커피메이커, 워터보일러

오븐

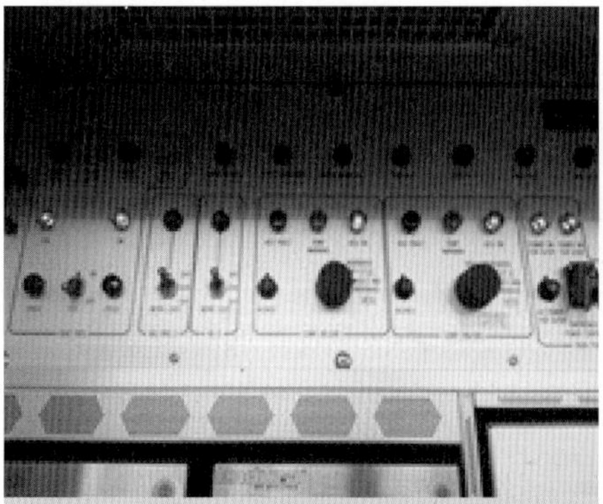

서킷브레이커

항공기에 설치되어 있는 냉장고

기내식 보관 컴파트먼트

압축 쓰레기통

Water Shut off Valve

갤리 내 서빙카트 보관장소

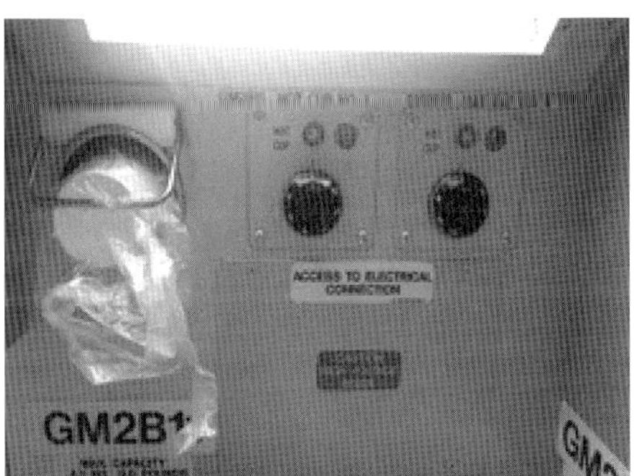

물을 데우는 장치

마이크로웨이브 오븐

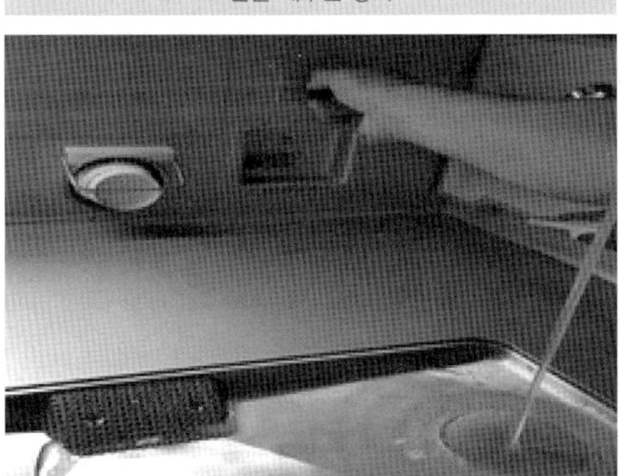

음용수 공급장치

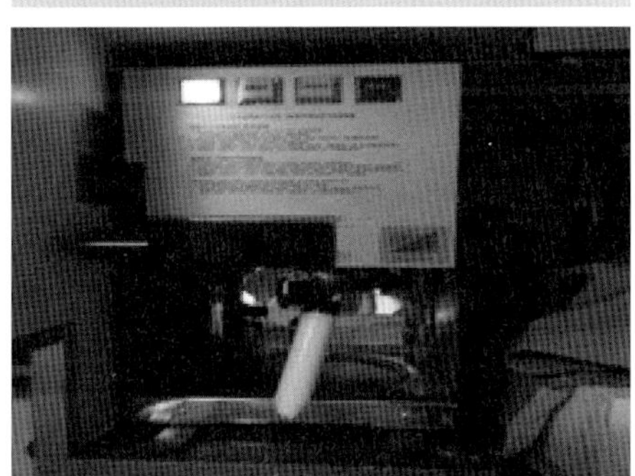

카푸치노 제조기

물/라면 끓이는 장치

오븐 작동 장치

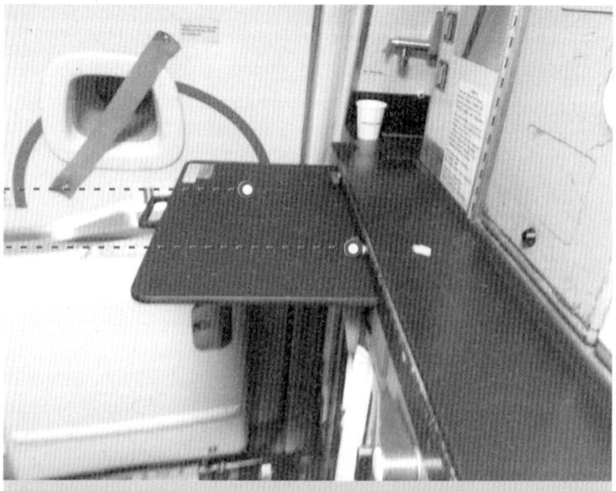

접이용 선반이 펼쳐진 모습

접이용 선반 고정걸쇠

갤리에 설치되어 있는 Extension shelf

B747 항공기 1층 엘리베이터

B747 항공기 2층 엘리베이터

A380 항공기 엘리베이터

☑ 점검품목 및 점검항목

갤리 시설 점검품목	점검항목
커피메이커(Coffee maker)	버튼 작동 여부(Coffee Maker), 청결상태
워터보일러(Water boiler)	버튼 작동 여부(Water Boiler), 청결상태
오븐(Oven)	작동 여부(Oven), 오븐랙 숫자파악, 청결상태
마이크로웨이브 오븐(Microwave oven)	전원 작동상태, 청결상태
음용수 공급장치(Water faucet)	작동상태, 물 공급 상태
연장되는 선반(Extension shelf)	작동 및 고정상태
갤리조명(Galley lighting system)	켜짐 상태 및 조절상태
전기회로 차단기(Circuit breaker)	정상 작동상태(Circuit Breaker), 위치
냉장고(Refrigerator)	전원 작동상태, 작동 여부
밀 카트 보관장소	냉장상태(Compartment), 청결 여부
압축 쓰레기통(Trash compactor)	정상작동 여부, 여분 쓰레기 박스
일반 쓰레기통(Waste container)	쓰레기 비움 상태, 장착상태
물 차단장치(Water Shut off Valve)	정상 작동상태, 설치위치
갤리 커튼(Galley curtain)	고정상태
엘리베이터(Elevator)	작동 여부, 내부 정돈상태

특히 커피메이커와 워터보일러는 지상에서 점검시 반드시 Air Bleeding을 실시하여 비행 중 원활한 커피, 뜨거운 물의 공급이 이루어지도록 한다.

만일 상기 시설 중 지상 점검시 작동이 안 되는 시설을 발견하면 객실정비사에게 고지하여 수리 후 출발하도록 해야 한다.

- ▶ **점검시 준비물** : 메모패드, 볼펜, 필요한 경우 장갑
- ▶ **갤리 설비 이상시 조치사항** : 선임 승무원/객실사무장/캐빈매니저에게 보고하여 객실 정비 담당자 호출, 승객 탑승 전 신속히 조치 및 수리될 수 있도록 한다.

03 승객 좌석(Passenger Seat) 점검

항공기 표준좌석

머리위 PSU

승객 좌석은 항공사마다 약간의 차이는 있으나 등급별로 형태가 다르며 좌석간의 간격도 차이가 있다. 승객 좌석에는 발 받침대(Leg rest), 좌석벨트(Seat belt), 식사 테이블(Tray table), 구명조끼(Life vest)가 장착되어 있고 좌석설비로는 독서등(Reading light), 승무원호출버튼(Passenger call button), 환기장치의 PSU(Passenger Service Unit)가 있다. 따라서 승객 탑승 전 점검시 담당구역의 승객 좌석을 무작위(Random)로 선발하여 좌석 정비상태, 작동상태, 청결상태 및 PSU를 철저히 점검하여야 한다.

PSU(Passenger Service Unit) 승객 머리 위 또는 의자 주변에 장착되어 있는 콜버튼, 독서 등을 지칭한다.

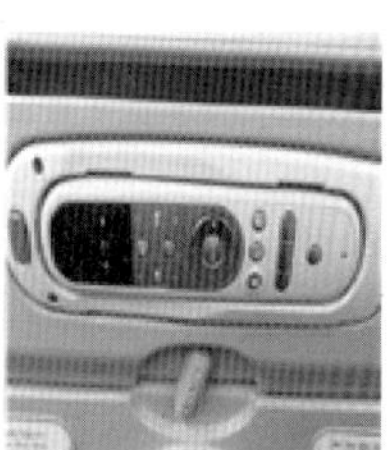
리모컨 점검

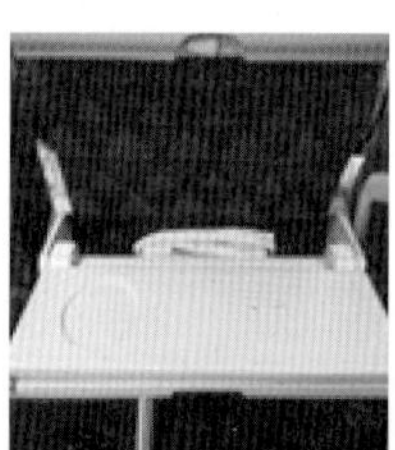
식사 테이블 점검

고정상태 점검

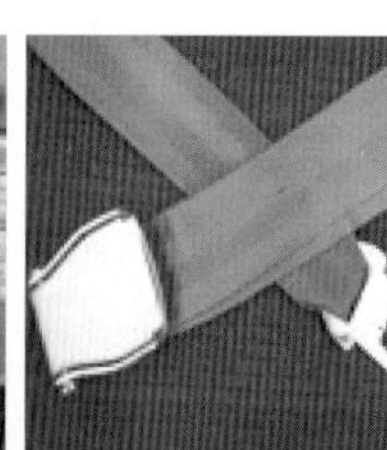
좌석벨트 점검

영화 화면상태 점검

저자가 비행 근무시 만석상태에서 일부 좌석의 독서등이 안들어와 14시간 동안 승객의 좌석교환 및 상위클래스로 업그레이드 해달라는 요구에 상당히 시달린 경험이 있다. 이러한 경우를 방지하기 위해서라도 지상에서의 꼼꼼한 점검이 매우 필요하다. 최신 항공기의 경우 독서등은 객실사무장/캐빈매니저 스테이션 근처에서 전체 객실을 한 번에 점검할 수 있는 장치가 있으니 이 장치를 이용하면 편리하다.

- **점검시 준비물** : 꼼꼼한 자세와 설비 이상 좌석 기록용 메모패드(Memo pad)
- **좌석 설비 이상시 조치사항** : 객실사무장/캐빈매니저에 보고하고 객실 정비사에게 승객 탑승 전까지 수리의뢰 하며 반드시 담당구역 객실승무원에 의해 재점검을 실시한다.

04 승무원 좌석(Jump Seat) 점검

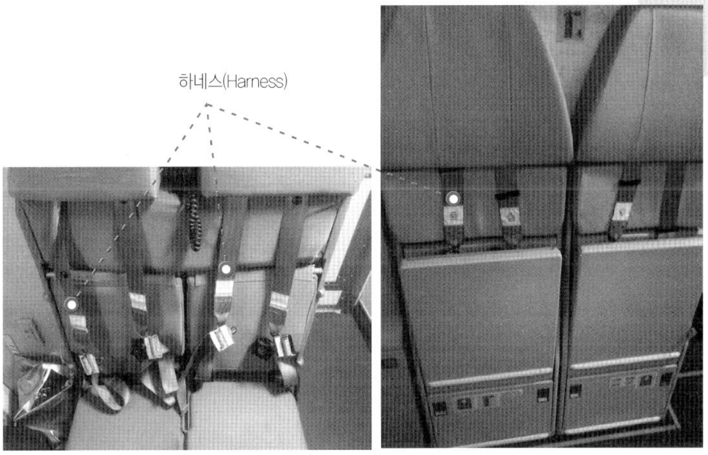

객실승무원 좌석(Jump seat)은 보통 1~2명이 앉을 수 있도록 되어 있으며 비상시를 대비해 각 비상구 옆에 장착되어 있다. 승무원 좌석의 점검시 좌석벨트와 어깨를 감싸는 하네스(Harness) 그리고 일어났을 때 자동적으로 접힘 상태를 점검해야 하며 객실승무원 좌석은 한국 및 미국에서 비행안전 점검관의 필수점검 품목이니 승객 탑승 전 작동 여부를 반드시 점검해야 한다.

일반적으로 객실승무원 좌석은 사용 후 모든 승무원용 좌석벨트가 의자 내부로 들어가 있어야 하며 바깥으로 나와 탈출에 지장을 주어서는 안 된다.

▶ **점검시 준비물** : Jump seat 설비 이상시 좌석위치 기록용 메모패드(Memo pad)

▶ **Jump seat 좌석 설비 이상시 조치사항** : 객실사무장/캐빈매니저에 보고하고 객실정비사에게 승객 탑승 전까지 수리의뢰 하며 반드시 담당구역 객실승무원에 의해 재점검을 실시한다.

05 코트룸(Coat Room) 점검

정리된 코트룸 모습

정리 안 된 코트룸 모습

코트룸(Coat room)은 승객 및 승무원의 의복을 보관하기 위하여 항공기 전방, 후방을 이용하여 칸막이식으로 막혀 있는 형태로 되어 있다.

점검시 내부의 이상물질 파악과 외부 도어의 정상작동 여부를 파악한다.

현장에서 코트룸에는 지정된 물건의 보관 이외의 목적으로 사용하지 못하게 규정되어 있는데 서비스용품 보관장소 부족을 이유로 여러 가지 서비스용품이 탑재되거나 기물로 가득 차 있을 수 있다.

이러한 경우는 원래 코트룸 사용목적에 어긋나는 것이기 때문에 정비사나 기내식 탑재 담당자를 호출하여 내부의 내용물을 다른 곳에 보관해 달라고 요청할 수 있다.

- **점검시 준비물** : 코트룸 설비 이상시 위치 기록용 메모패드(Memo pad)
- **코트룸 설비 이상시 조치사항** : 객실사무장/캐빈매니저에 보고하고 객실정비사에게 승객 탑승 전까지 수리의뢰 하며 반드시 담당구역 객실승무원에 의해 재점검을 실시한다.

06 수하물선반(Overhead Bin) 점검

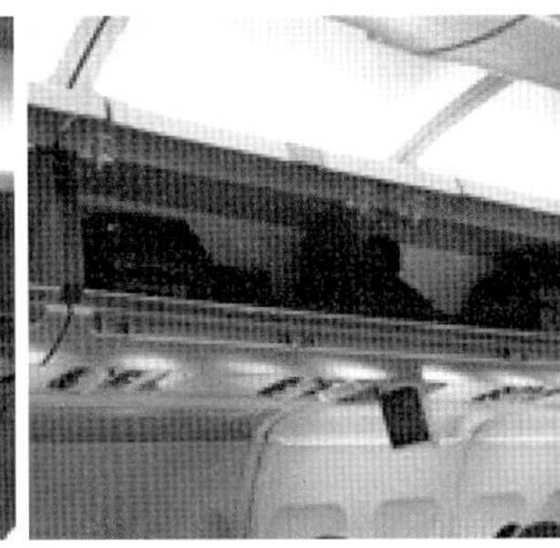

개방된 Overhead bin 모습

수하물선반(Overhead bin)이란 승객의 머리 위쪽에 승객의 짐이나 여러 가지 물품을 보관할 수 있게끔 제작된 선반을 말한다.

승객의 유실물이 제일 많이 발견되고 또한 무거운 물체가 떨어져 승객에게 상해를 입힐 수 있는 공간이므로 객실승무원은 승객 탑승 전 수하물선반의 닫힘상태를 일일히 점검하여야 한다. 또한 승객 탑승 시 일등석을 제외한 모든 클래스의 수하물선반은 열어 놓도록 되어 있는 항공사 규정을 참조하여 열린 상태와 닫힘상태의 면밀한 점검이 필요하다.

- **점검시 준비물** : 수하물선반 설비 이상시 위치 기록용 메모패드(Memo pad)와 꼼꼼한 자세
- **수하물선반 이상시 조치사항** : 수하물선반 중 제일 많은 점검을 요하는 사항은 닫힘 불량 사안이다. 이러한 수하물선반을 발견시 객실사무장/캐빈매니저에 보고하고 객실정비사에게 승객 탑승 전까지 수리 의뢰하며 반드시 담당구역 객실승무원에 의해 재점검을 실시한다.

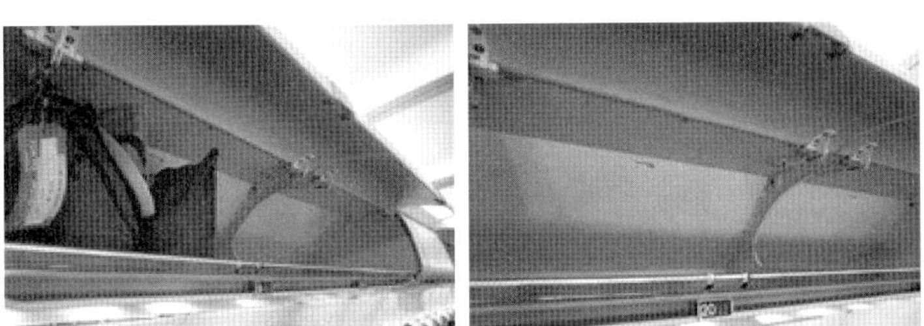

개방된 Overhead bin 모습

닫혀진 Overhead bin 모습

07 기내 통로(Aisle) 점검

B737 협동체 항공기 기내 통로

A330 광동체 항공기 기내 통로

항공기 객실 앞쪽과 뒤편을 연결하며 승무원이 승객에게 서비스를 제공하고 탑승한 승객들이 움직일 수 있는 복도를 말한다. 통로는 기종에 따라 동체가 큰 와이드 보디(Widebody)는 2개, 동체가 작은 내로우 보디(Narrowbody)는 1개가 장착되어 있고, 위의 사진은 협동체인 B737 기종의 통로이다.

광동체 항공기 기내 통로

A380 항공기 기내 통로

- **점검시 준비물** : 정확한 자세
- **통로 점검 이상시 조치사항** : 통로 점검시 발견되는 이상은 주로 통로 위에 깔린 카펫의 섬유들림 현상과 오물흔적이다. 모든 항공기 통로에 깔려 있으며 오래된 항공기일수록 통로 위에 깔린 카펫 구성물인 섬유올이 빠져나와 시각적으로 좋지 않은 느낌을 주게 된다. 또한 이전 비행에서 승객이 통로에 구토나 음식, 주스류의 흘림에 의해 오물흔적이 남아 있을 수 있으므로 정확한 점검이 필요하다.
통로의 카펫 부문과 오물흔적은 청소담당 직원뿐만 아니라 객실정비사의 주요 점검항목이기도 하다. 따라서 객실사무장/캐빈매니저에게 보고 후 객실정비사로 하여금 정리하도록 한다. 작업 완료 후 담당구역 승무원의 재점검이 필요하다.

08 화장실 설비(Lavatory Facilities) 점검

비행 중 승객이 사용하는 모든 화장실은 객실브리핑시 지정한 담당승무원에게 청결 및 관리임무가 부여되어 있다. 항공기 출발 전 화장실은 지상 미화요원에 의해 청소되고 화장실 비품이 채워져 있는 바, 담당승무원은 항공기 탑승 후 화장실 내 롤페이퍼(Roll Paper), 크리넥스(Kleenex), 종이타월(Paper Towel), 거울상태, 액체비누(Liquid Soap) 공급상태, 화장실 내 물잠금장치(Water Shut off Valve), 청소상태, Flushing 작동버튼 상태, 쓰레기통 비움상태, 아기 기저귀 교환대 상태, 칫솔, 구강청정제, 로션 및 장거리 운항에 대비 소모품의 충분한 여유분을 확보해야 한다. 특히 각 기종별 화장실의 불쾌한 냄새 발생 여부에 세심한 신경을 써야 한다.

기내 화장실 거울 내부 적재함 모습

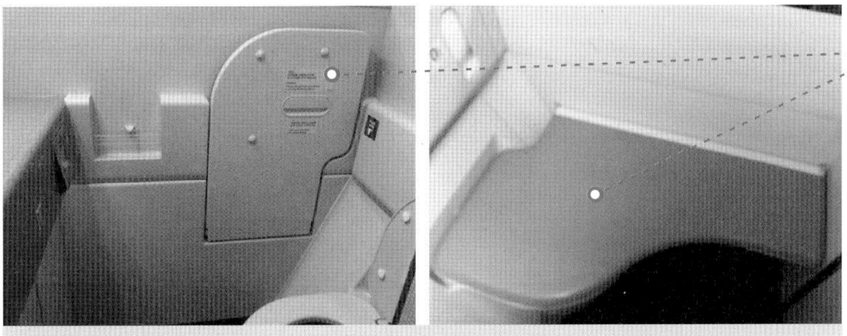

화장실 아기 기저귀 교환대 상태 점검

물 공급상태 및 액체비누상태 확인

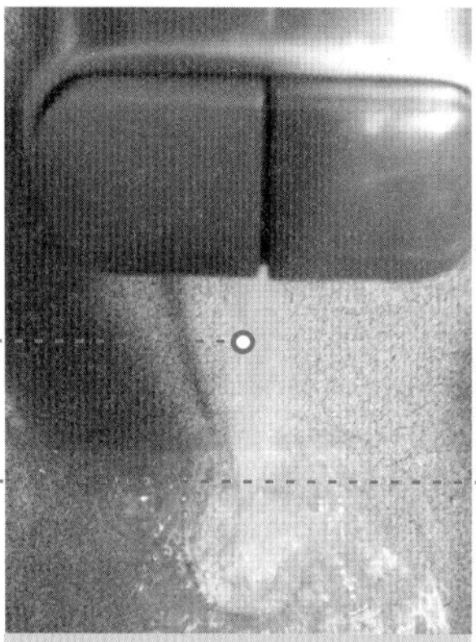

화장실 내 물 공급상태 점검

화장실 내 액체비누상태 점검

쓰레기통 문을 밀어 내용물 비움 상태 확인

화장실내 쓰레기통 비움상태

로션

구강청정제

면도기

면도크림

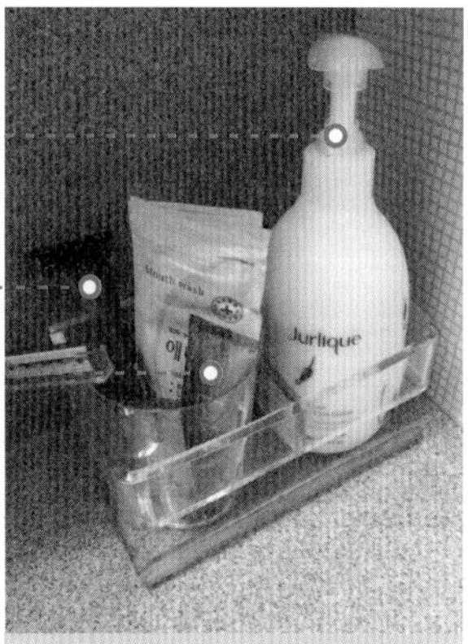

상위클래스 화장실 용품의 배열상태

양치컵을 눌러보아 더 이상 안들어가면 완전 세팅

양치컵 세팅상태 점검

▶ **점검시 준비물** : 비닐장갑, 작동 이상 화장실 위치 기록용 메모패드

▶ **화장실 설비 이상시/불쾌한 냄새 발생시 조치사항** : 선임 승무원/객실사무장/캐빈매니저에게 보고하여 기내 청소 담당자/ 객실 정비 담당자 호출, 승객 탑승 전 신속히 조치 및 수리될 수 있도록 한다.

09 입국서류 탑재(Entry Card)상태 점검

국제선을 운항하는 모든 항공기는 해당 목적시 국가에 입항하기 전 기내에서 입국서류를 나누어 주게 된다. 객실브리핑시 해당 목적지 국가의 입국서류에 대한 사전 지식을 습득하게 되므로 비행기에 탑승한 후, 승객 숫자, 적합한 목적지 국가의 입국서류를 지상직원으로부터 수령하여 기내 일정장소에 보관하고 항공기 도착 전 제공해야 한다.

입국서류는 일반적으로 100장이 한 묶음으로 되어 있으며 수령시 매수 및 승객 국적별 언어(한국어, 영어, 중국어, 일본어)를 반드시 확인한다. 보통 입국서류는 객실사무장/캐빈매니저나 부팀장이 수령하게 된다.

- 목적지 국가별로 필요한 입국서류의 종류를 점검
- 입국서류의 상태, 즉 훼손되었거나 인쇄 불량상태 점검
- 목적지 국가별 서류 기입요령 재확인
- 입국서류의 매수와 승객 수가 일치하는지 재확인
- 여유분 확인

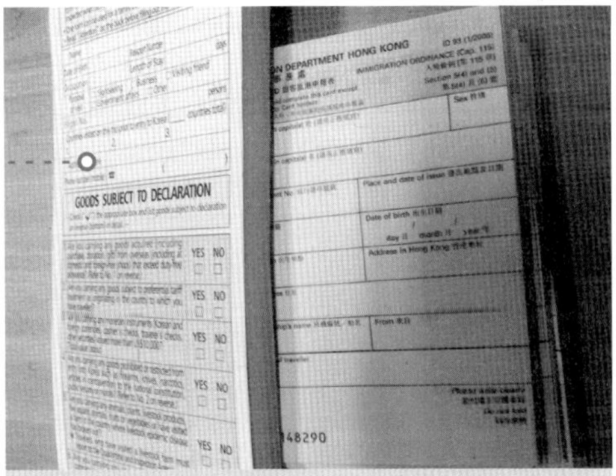

묶음으로 탑재되는 입국서류-100매 단위

▶ **점검시 준비물** : 정확한 수량, SSR/SHR상의 승객탑승 예상정보, 입국서류 보관백

▶ **미탑재시 조치사항** : 선임 승무원/객실사무장/캐빈매니저에게 보고하여 입국서류 담당 지상직원 호출, 신속히 조치 및 추가 탑재될 수 있도록 한다.

비행기에 탑재되어야 할 기내용품과 서비스용품은 사실상 1,000~1,800가지가 될 정도로 방대하며 이 중 몇 가지라도 탑재가 안 된다면 기내 서비스에 심각한 영향을 끼치게 된다. 물론 기내식 사업소에서 부문별 세팅하고 재점검 절차 및 재/재검 절차를 거치지만 사람이 하는 일이기 때문에 누락이나 파손된 물품이 생길 수 있다. 따라서 객실승무원이 승객 탑승 전 신속하고 꼼꼼하며 정확한 자세로 점검하여 비행 중 승객이 불편을 겪지 않도록 해야 할 것이다.

비록 승객 탑승 전까지 15분 정도의 찰나적인 시간이지만 주어진 시간을 활용하여 99% 철저한 승객 탑승 전 점검을 완벽히 시행하고 있는 모든 항공사의 현장 객실승무원에게 찬사를 보내고 싶다.

10 기내 서비스 기물 운반 및 배치기술(Distribution of Service Item and Tools)

출발을 앞둔 항공기 내에 탑재된 모든 서비스 기물/기용품은 승무원이 사용하기 쉽도록 해당 클래스에 탑재되는 것이 원칙이다. 하지만 가용한 공간이 적은 항공기의 특성상 정해진 위치에 탑재되지 않고 일부 여유 있는 클래스나 공간에 탑재되어 운용되는 것도 피할 수 없는 사실이라 할 것이다.

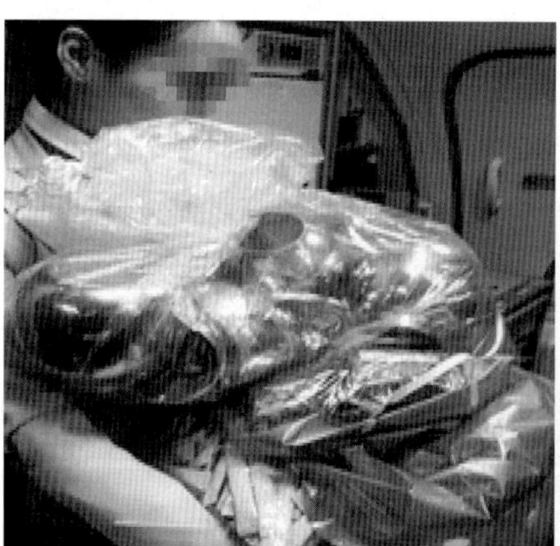

비행 전 서비스 기물을 운반, 배치하는 승무원, 무척 바쁜 시간이기 때문에 사진과 같이 한꺼번 운반하는 경우도 있다.

비행 전 서비스용품을 정리하는 객실승무원

따라서 객실승무원은 사용하는 장소가 아닌 다른 장소에 탑재된 기물과 기용품을 사용하기 쉬운 적재적소의 장소로 운반하는 기술이 매우 필요하다.

지상에서 비교적 시간이 있는 경우 탑재원에게 필요한 용품을 운반/배치해 달라고 요청할 수 있고 그러한 요청이 있는 경우 탑재담당 요원이 재배치를 해주는 경우가 많은데 객실승무원이 비행기에 탑승했을 시간에는 이미 모든 서비스용품의 탑재가 끝나 담당 탑재원이 부재인 경우가 많다.

일반적으로 사용가능한 공간이 많은 대형기에서는 비교적 적절한 장소에 탑재되며 사용가능 공간이 매우 부족한 협동체(Narrow Body) 항공기 B737/A320/321 같은 항공기의 경우 지상에서 객실승무원이 탑재된 기물/기용품을 운반하고 재배치하는 것으로 되어 있다. B737인 경우 FWD Galley에 커피Pot, 커피크림, 설탕 등 일반석 기용품이 많이 탑재되어 뒤쪽 갤리로 옮겨야 하고 AFT Galley에는 앞쪽 갤리에서 필요한 주스, 생수 가 탑재되어 있어 앞쪽 갤리로 이동시켜야 한다.

2층에 있는 일반석 식사를 1층으로 옮기는 데 사용하는 엘리베이터

또한 B747-400 항공기에서는 2층의 어퍼덱 갤리(Upper Deck Galley) 내에 일반석 2nd 서비스에 사용할 기내식이 모두 탑재되므로 엘리베이터를 이용해 사용한 1st 기내식 카트는 2층으로, 새로운 두 번째 기내식은 1층 일반석 갤리로 옮겨야 한다. 기용품/기내서비스 기물을 운반할 때 지상에서는 제일 주니어(Junior) 승무원이 담당하지만 비행 중에는 비교적 복잡한 업무가 동반되어 객실업무 경력이 많은 시니어(Senior) 승무원이 담당하는 것이 일반적이다.

▶ **점검시 준비물** : 메모패드, 볼펜, 필요한 경우 장갑

▶ **미탑재/객실승무원에 의한 추가 배치 요청시 조치사항** : 선임 승무원/객실사무장/캐빈매니저에게 보고하여 기내용품 탑재 담당자 호출, 탑재용품의 신속한 재배치 및 미탑재 용품이 탑재될 수 있도록 한다.

11 지상직원과의 소통

항공기 출발 전 기내 탑재 및 청소

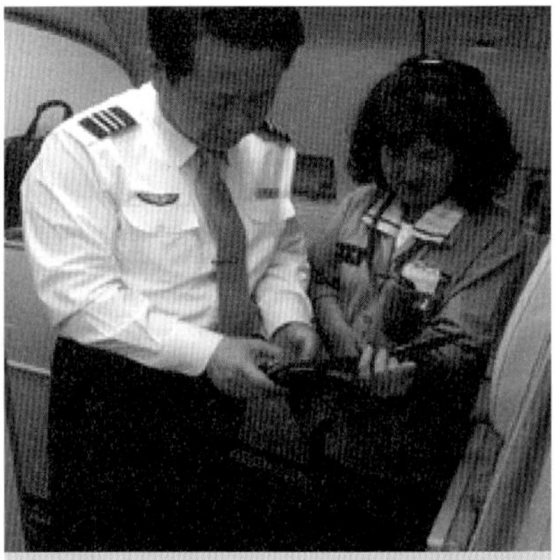
기내 작업 완료 후 서명하는 모습

승객 탑승 전 준비에서 대면하는 지상직원은 승객 탑승 시점 논의하고, 입국서류를 받으러 오는 운송직원/캐이터링/객실정비 및 운항정비에 관련된 직원이며 운송직원은 시간에 쫓기고, 정비직원은 승객 탑승 전까지 완료해야 할 항공기 정비사항에 대해 매우 민감해져 있으며 기내 서비스용품 탑재직원은 무거운 물건을 옮기고 세팅하는 업무의 특성상 상대방을 배려할 수 있는 여유가 부족하다.

일본 오사카 간사이 국제공항의 탑승구

따라서 모든 지상직원을 대상으로 비행기를 인수받는 객실승무원이 상냥하고 친절한 말투와 상대의 업무를 존중하는 마음을 가지고 대할 때 상호 이해

하고 부드러운 작업 분위기를 이끌어낼 수 있다. 지난 32년간 비행하면서 아래의 사항에 관심을 가지고 인수인계하면 지상직원과 객실승무원 사이에 편안하고 상호 협조적인 분위기에서 업무를 마칠 수 있다고 생각하며 지상직원이 객실승무원에게 인계하고 확인서명을 받아가는 입장이지만 객실승무원이 좀 더 낮은 자세로 부드럽게 대할 때 우리가 얻는 현재와 미래의 이익이 훨씬 더 크다고 할 수 있다.

- 상호 반말사용 금지
- 서로의 업무를 이해하고 존중하기
- 업무 종료 후 '수고한다'는 마음을 가지고 인사하기
- 무시하거나 차별 없는 평등의식

☑ 지상 직원과 시점별 인수인계 하는 모습

객실정비사와 기내정비사항 인수인계

기내식 탑재 담당자와 객실 서비스용품 인수인계

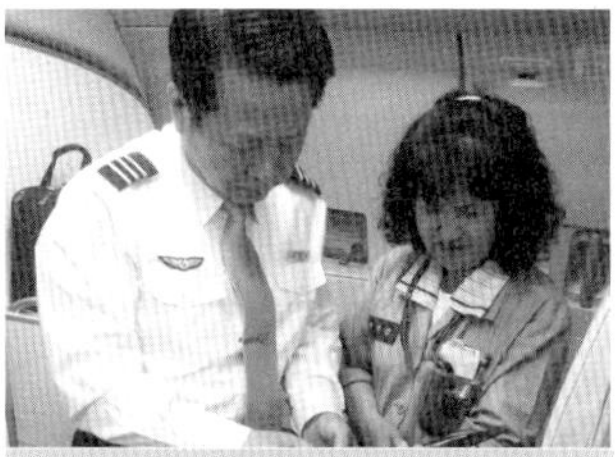
기내청소 및 미화 담당자와 인수인계

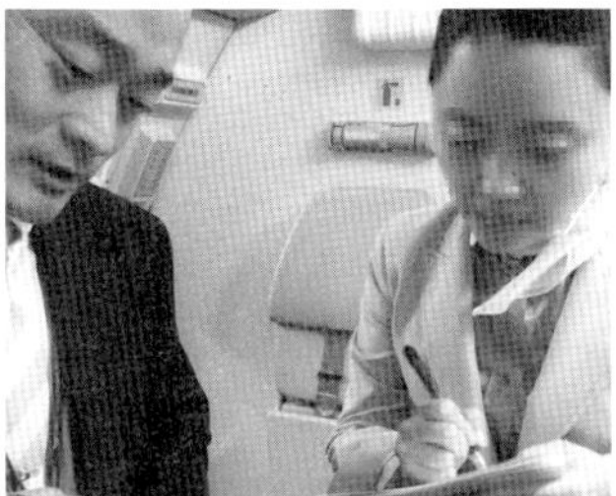
기내판매 담당자와 기내판매품 인수인계

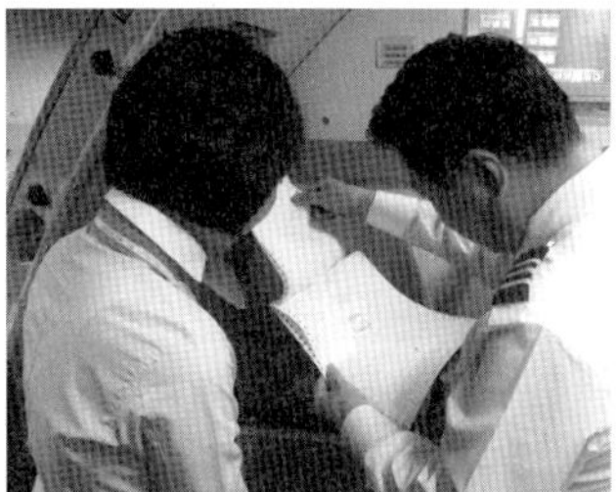
운송직원과 서류 인수인계

항공기 도착 후 인수인계

Chapter

03

특별 서비스 **요청사항** 점검하기

1. 실제 기내 탑재되는 SHR/SSR 이해하기
2. SHR/SSR 승객 및 운송 특별코드
3. 기내 특별 서비스용품

Chapter 03

특별 서비스 **요청사항** 점검하기

수행 준거

- 객실 서비스 규정에 따라, 승객 탑승 전 해당 항공기의 특별 서비스 항목을 점검하고 조치할 수 있다.
- 객실 서비스 규정에 따라, 승객 탑승 전, 해당 승객의 특별 서비스용품이 탑재되어 있는지를 점검하고, 조치할 수 있다.
- 고객 서비스 규정에 따라, 승객 탑승 후, 해당 승객의 특별 서비스 요청 사항 외 추가 요청 사항이 없는지를 확인하고, 조치할 수 있다.

(인용출처 : NCS 홈페이지-항공객실서비스)

SHR-Special Handling Request

SSR-Special Service of Requirement

SHR/SSR이란 지상직원으로부터 객실사무장/캐빈 매니저에게 전달되는 특별보조승객 관련정보가 수록된 운송문서로서 VIP, CIP, UM, 환자, 단체, TWOV, 스페셜밀 주문승객, 승객의 특이사항, 요청 기록사항, 상위클래스 명단, 임신부, 어린이 동반승객, 환승승객, 혼자 여행하는 승객, 장애인 및 마일리지 상태가 기록된다. 따라서 객실승무원은 SHR/SSR에 적혀 있는 승객정보를 파악하여 서비스의 기초자료로 적극 활용하게 된다. SSR(Special Service of Reqirement)은 SHR과 동일한 자료로서 항공사별로 약간씩 어휘가 다르다고 보면 되며 승객의 프라이버시와 개인정보 보호를 위해 객실승무원은 SHR/SSR상에 기재되어 있는 어떠한 개인정보라도 외부에 공개해서는 안 되고 사용 후 폐기하는 것을 원칙으로 한다.

01 실제 기내 탑재되는 SHR/SSR 이해하기

* 개인정보 보호 위해 확대하지 않음

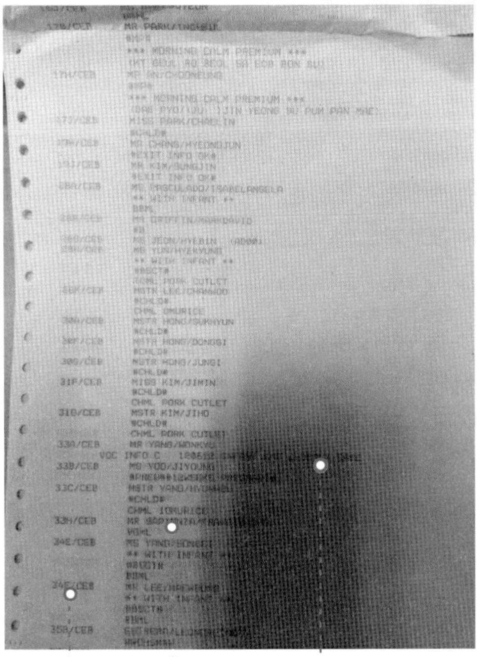

좌석번호/목적지

성별/이름

스페셜 요구사항 및 Comments

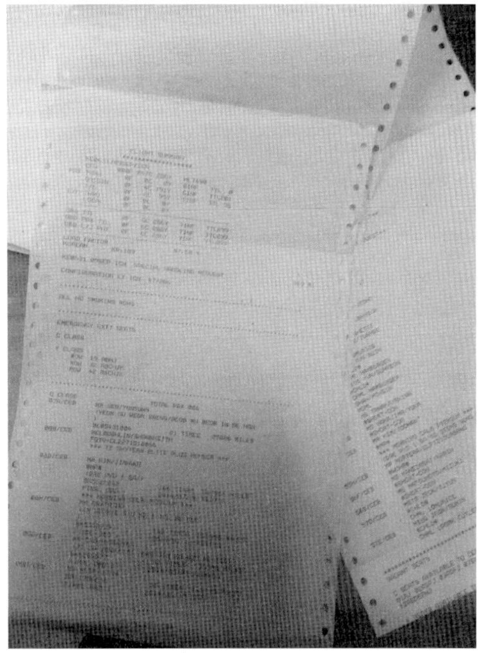

SSR / SHR
이렇게 길게 연결되어져 있으며 일등석/비즈니스/일반석/스페셜 승객모음/혼자 여행하는 승객/환승 승객 페이지로 구성되어 있다.

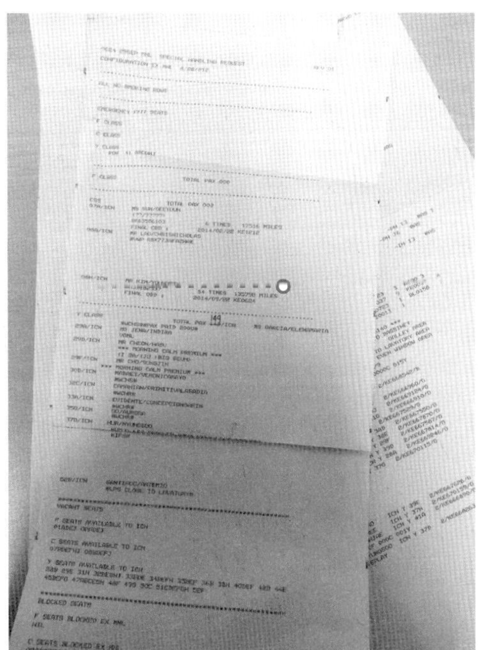

SHR / SSR READING – 이해 해 보기

SHR, SSR 기록사항 이해하기 1

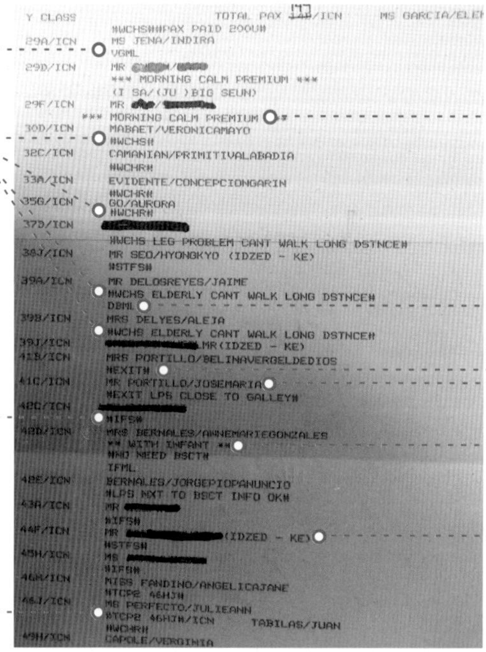

```
Y CLASS                TOTAL PAX 14?/ICN        MS GARCIA/ELEN
          #WCHS##PAX PAID 200U#
29A/ICN   MS JENA/INDIRA
          VGML
29D/ICN   MR
          *** MORNING CALM PREMIUM ***
          (I SA/(JU )BIG SEUN)
29F/ICN   MR
      *** MORNING CALM PREMIUM ***
30D/ICN   MABAET/VERONICAMAYO
          #WCHS#
32C/ICN   CAMANIAN/PRIMITIVALABADIA
          #WCHR#
33A/ICN   EVIDENTE/CONCEPCIONGARIN
          #WCHR#
35G/ICN   GO/AURORA
          #WCHR#
37D/ICN
          #WCHS LEG PROBLEM CANT WALK LONG DSTNCE#
38J/ICN   MR SEO/HYONGKYO (IDZED - KE)
          #STFS#
39A/ICN   MR DELOSREYES/JAIME
          #WCHS ELDERLY CANT WALK LONG DSTNCE#
          DBML
39B/ICN   MRS DELYES/ALEJA
          #WCHS ELDERLY CANT WALK LONG DSTNCE#
39J/ICN                    MR(IDZED - KE)
41B/ICN   MRS PORTILLO/BELINAVERGELDEDIOS
          #EXIT#
41C/ICN   MR PORTILLO/JOSEMARIA
          #EXIT LPS CLOSE TO GALLEY#
42C/ICN
          #IFS#
42D/ICN   MRS BERNALES/ANNEMARIEGONZALES
          ** WITH INFANT **
          #NO NEED BSCT#
          IFML
42E/ICN   BERNALES/JORGEPIOPANUNCIO
          #LPS NXT TO BSCT INFO OK#
43A/ICN   MR
          #IFS#
44F/ICN   MR                  (IDZED - KE)
          #STFS#
45H/ICN   MS
          #IFS#
46A/ICN   MISS FANDINO/ANGELICAJANE
          #TCP2 46HJ#
46J/ICN   MS PERFECTO/JULIEANN
          #TCP2 46HJK/ICN          TABILAS/JUAN
          #WCHR#
46H/ICN   CAPOLE/VERGINIA
```


SHR, SSR 기록사항 이해하기 2

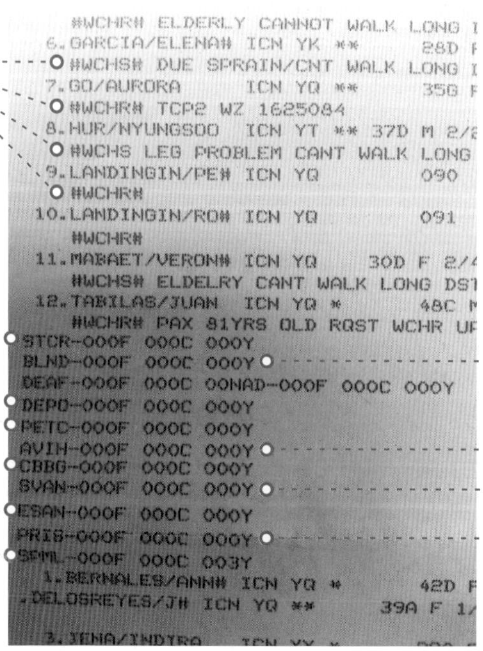

```
   #WCHR# ELDERLY CANNOT WALK LONG I
 6.GARCIA/ELENA# ICN YK **      28D F
   #WCHS# DUE SPRAIN/CNT WALK LONG I
 7.GO/AURORA       ICN YQ **     35G F
   #WCHR# TCP2 WZ 1625084
 8.HUR/NYUNGSOO   ICN YT ** 37D M 2/2
   #WCHS LEG PROBLEM CANT WALK LONG
 9.LANDINGIN/PE#  ICN YQ         090
   #WCHR#
10.LANDINGIN/RO#  ICN YQ         091
   #WCHR#
11.MABAET/VERON#  ICN YQ     30D F 2/4
   #WCHS# ELDELRY CANT WALK LONG DST
12.TABILAS/JUAN   ICN YQ *      48C M
   #WCHR# PAX 81YRS OLD RQST WCHR UP
STCR-000F 000C 000Y
BLND-000F 000C 000Y
DEAF-000F 000C 00NAD-000F 000C 000Y
DEPO-000F 000C 000Y
PETC-000F 000C 000Y
AVIH-000F 000C 000Y
CBBG-000F 000C 000Y
SVAN-000F 000C 000Y
ESAN-000F 000C 000Y
PRIS-000F 000C 000Y
SPML-000F 000C 003Y
 1.BERNALES/ANN# ICN YQ *       42D F
 .DELOSREYES/J#  ICN YQ **     39A F 1/
 3.JENA/INDIRA    ICN YY *
```

SHR, SSR 기록사항 이해하기 3

TRAVELING ALONE 승객이란 일행 없이 혼자 여행하는 승객을 말하며 기내에서 어쩔 수 없이 자리를 떨어져 앉게 된 신혼부부, 가족이 자리를 함께 앉을 수 있도록 승무원에게 요청할 때 혼자 여행하는 승객에게 제일 먼저 의뢰할 수 있도록 SSR/SHR에 등재한다.

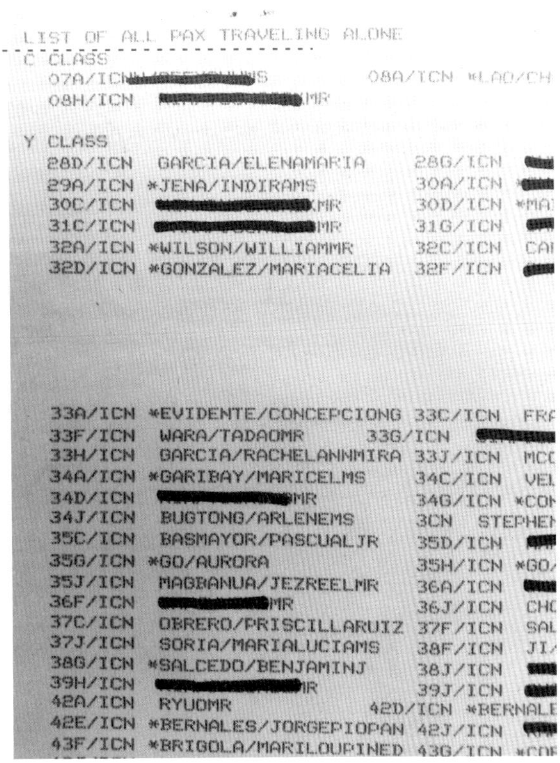
LIST OF ALL PAX TRAVELING ALONE
C CLASS
07A/ICN S 08A/ICN *LAO/CH
08H/ICN MR
Y CLASS
28D/ICN GARCIA/ELENAMARIA 28G/ICN
29A/ICN *JENA/INDIRAMS 30A/ICN
30C/ICN MR 30D/ICN *MA
31C/ICN MR 31G/ICN
32A/ICN *WILSON/WILLIAMMR 32C/ICN CA
32D/ICN *GONZALEZ/MARIACELIA 32F/ICN
33A/ICN *EVIDENTE/CONCEPCIONG 33C/ICN FRA
33F/ICN WARA/TADAOMR 33G/ICN
33H/ICN GARCIA/RACHELANNMIRA 33J/ICN MCC
34A/ICN *GARIBAY/MARICELMS 34C/ICN VEL
34D/ICN MR 34G/ICN *CON
34J/ICN BUGTONG/ARLENEMS 3CN STEPHEN
35C/ICN BASMAYOR/PASCUALJR 35D/ICN
35G/ICN *GO/AURORA 35H/ICN *GO/
35J/ICN MAGBANUA/JEZREELMR 36A/ICN
36F/ICN MR 36J/ICN CHC
37C/ICN OBRERO/PRISCILLARUIZ 37F/ICN SAL
37J/ICN SORIA/MARIALUCIAMS 38F/ICN JI
38G/ICN *SALCEDO/BENJAMINJ 38J/ICN
39H/ICN MR 39J/ICN
42A/ICN RYUDMR 42D/ICN *BERNALE
42E/ICN *BERNALES/JORGEPIOPAN 42J/ICN
43F/ICN *BRIGOLA/MARILOUPINED 43G/ICN *COR

SHR, SSR 기록사항 이해하기 4

환승승객 정보
이 비행기 목적지인 인천국제공항에 도착한 후 AA(아메리칸에어라인)280편을 이용하여 달라스까지 가는 승객은 33H/44D/50A/51A 승객이다.

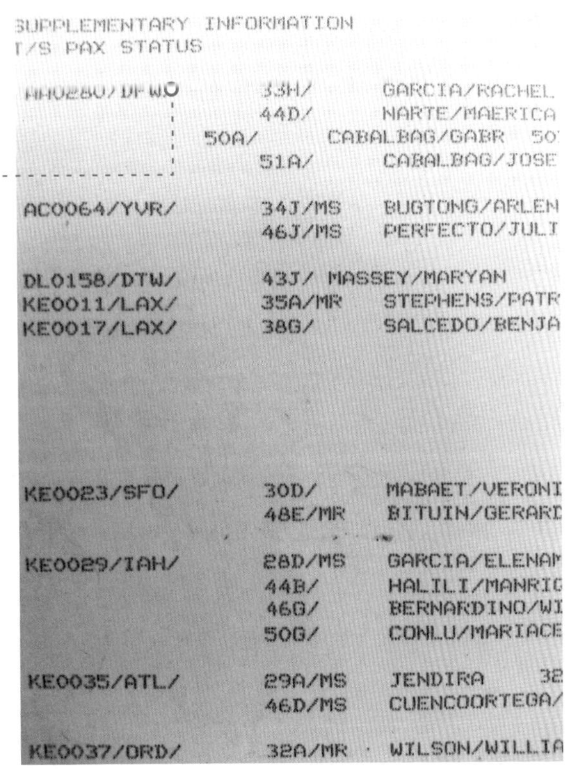
SUPPLEMENTARY INFORMATION
T/S PAX STATUS
AA0280/DFW/ 33H/ GARCIA/RACHEL
44D/ NARTE/MAERICA
50A/ CABALBAG/GABR 50
51A/ CABALBAG/JOSE
AC0064/YVR/ 34J/MS BUGTONG/ARLEN
46J/MS PERFECTO/JULI
DL0158/DTW/ 43J/ MASSEY/MARYAN
KE0011/LAX/ 35A/MR STEPHENS/PATR
KE0017/LAX/ 38G/ SALCEDO/BENJA
KE0023/SFO/ 30D/ MABAET/VERONI
48E/MR BITUIN/GERARD
KE0029/IAH/ 28D/MS GARCIA/ELENAM
44B/ HALILI/MANRIG
46G/ BERNARDINO/WI
50G/ CONLU/MARIACE
KE0035/ATL/ 29A/MS JENDIRA 32
46D/MS CUENCOORTEGA/
KE0037/ORD/ 32A/MR WILSON/WILLIA

02 SHR/SSR 승객 및 운송 특별코드

Special Handling Request(SHR)

구분	의미
AVIH	Animal In Hold / 화물칸(Crago)에 반입된 애완동물
BLND	시각장애승객
BRDC	객실에 반입된 새
BSCT	유아용 침대
CBBG	Cabin Reserved Seat Baggage / 좌석예약 휴대수하물
CATC	객실에 반입된 고양이
CHD	Child / 소아승객
CMPLT PAX	Complaint 제기 승객
DEAF	청각장애승객
DEPO	Deportee / 추방자
DOGC	객실에 반입된 개
DEPA	Deportee Accompanied by an Escort / 동반 추방자
DEPU	Deportee Unaccompanied / 비동반 추방자
EXST	EXTRA SEAT, Large Pax 추가 좌석 구매하는 경우 등
FMLY	Family Care Service
GTR	Government Travel Request
IVR	Incentive Volume Rate / 대기업 계열사 출장 수요 우대
INAD	Inadmissible Passenger / 입국 또는 통과상륙이 거절된 승객
INF	Infant / 좌석을 점유하지 않는 유아 승객
I/U	Involuntary Up Grade
L/O	Lay Over
M/A, MAAS	Meet and Assist
MAINT	Maintenance
MCT	Minimum Connecting Time
M/D	Main Deck
MEDA	Medical Auth
MSG	Message
NOSH	No Show
NOSUB	Not Subject to Load
NRC	No Record

구분	의미
OBD	On Board
OXYG	Stretcher 승객용 산소장비
PAX	Passenger
PET(C)	객실에 반입된 애완동물
PRC	People's Republic of China
P/P	Passport
PTA	Pre-paid Ticket Advice
PTN	Portion
QLTY	Quality
QNTY	Quantity
R/C	Ramp Controller
RPA	Restricted Passenger Advice
RCFM	Reconfirm
RSVN	Reservation
RTN	Return
SED	Seeing Eye Dog
SOP	Standard Operating Procedure
SPON	Special Passenger of Name
STA	Scheduled Time of Arrival
STCR	Stretcher Passenger
STD	Scheduled Time of Departure
STF	Staff
STN	Station
SUBLO	Subject to Load
S/U	Show Up
SVC	Service
TKT	Ticket
T/S	Transit
UM(NR)	Unaccompanied Miner
TWOV	Transit Without VISA
WCOB	Wheelchair for Onboard
WCHC	Wheelchair for Cabin
WCHR	Wheelchair for Ramp
WCHS	Wheelchair for Steps

* //NON ADD DATA// : Data 수집대상 Skypass 회원

03 기내 특별 서비스용품

1. 특별식(스페셜밀, Special Meal)

Special Meal이란 건강과 종교상의 이유나 기념일 축하를 위해 항공 예약시 특별히 주문하여 객실에 탑재, 서비스되는 식사로서 SHR/SSR(Special Handling Request, 기내 특별한 주문 및 승객사항을 기록하여 객실승무원이 참고로 하는 문서로서 비행이 종료되면 개인정보 보호 위해 파기함. SSR이라고도 한다)에 약어로 등재된다.

객실승무원은 담당구역의 스페셜밀 주문승객에 대해 정확히 알고 있어야 하며 탑재 및 기내 서비스에 문제가 발생하면 객실사무장/캐빈매니저에게 즉시 보고하여야 한다.

☑ Special Meal 개념 / 종류 /서비스방법

Special Meal 이란 건강 과 종교상의 이유나 기념일 축하를 위해 항공 예약시 특별히 주문하여 객실에 탑재,서비스되는 식사로서 SHR(Special Handling Request,기내 특별한 주문 및 승객사항을 기록하여 객실승무원이 참고로 하는 문서로서 비행이 종료되면 개인정보 보호위해 파기함.)/SSR에 약어로 등재된다.객실승무원은 담당구역의 스페셜밀 주문승객에 대해 정확히 알고 있어야 하며 탑재 및 기내서비스에 문제가 발생하면 객실사무장/캐빈매니저 에게 즉시 보고 하여야 한다.

1) 영 · 유아식 및 아동을 위한 식사(Infant Meal, Baby Meal, Child Meal)

① Infant Meal(IFML)

태어난 후 12개월 까지의 영아를 위한 식사로서 아기용 액상분유와 쥬스를 말한다.IFML의 구성은 액상분유1병과 아기용 주스1병이다.

② Baby Meal(BBML)

태어난 후 12~24개월까지 의 유아 위한 식사로서 아기용 쥬스와 소화되기 쉬운 음식을 삶아서 갈아놓은 형태를 말하며 기제조된(Ready Made) 이유식을 말한다. BBML의 구성은 이유식 2병과 아기용 주스1병이다.

대한항공에서 제공하는 유소아용 생수..참 아름다운 글귀가 적혀있으니 모두 한번씩 읽어 보도록 하자

③ Infant/Child Meal(ICML)

태어난 후 24개월 미만의 유아를 위한 식사를 말하며 신체의 발육이 빨라서 어린이용 식사를 취식할 수 있는경우에 제공한다.

식사의 내용은 CHML과 동일하다.

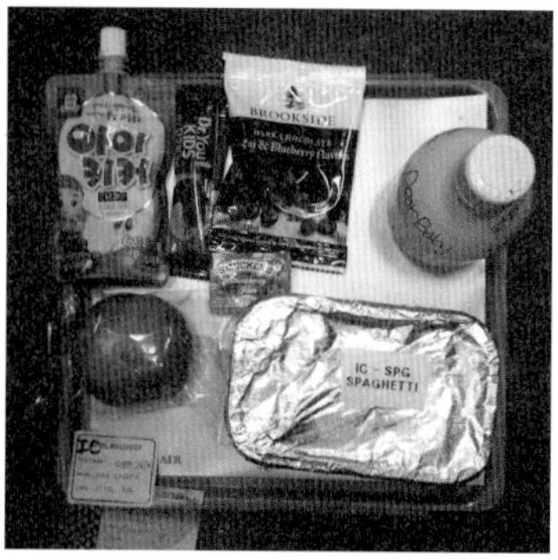

• 유아에게 소아식 제공
- Meal SVC 내용은 CHML과 동일
- 24개월 이하의 영유아에 해당하나 신체 발육이 빨라 CHML 취식이 가능한 경우, 해당 소아식 제공

④ Child Meal(CHML)

만2세 이상에서 만 12세 미만의 소아, 어린이를 위한 식사를 말한다. 한국출발편에서는 햄버거, 스파게티, 오므라이스, 돈까스, 샌드위치, 김밥이 탑재되고 외국공항 출발편 에서는 햄버거, 스파게티, 핫도그, 피자, 샌드위치가 탑재된다.

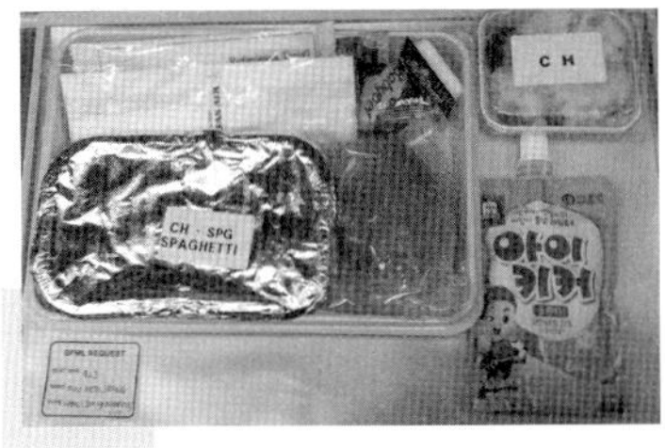

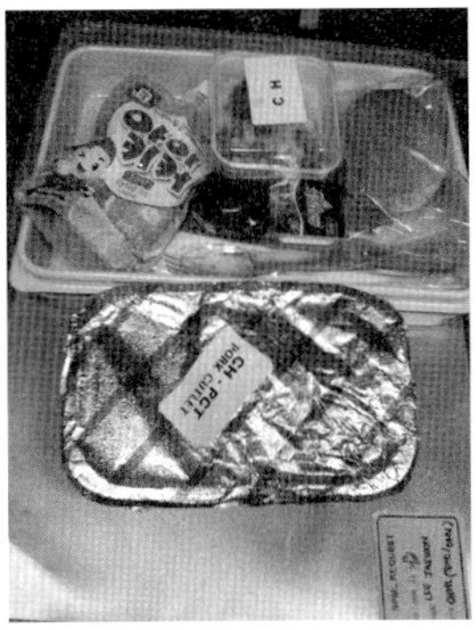

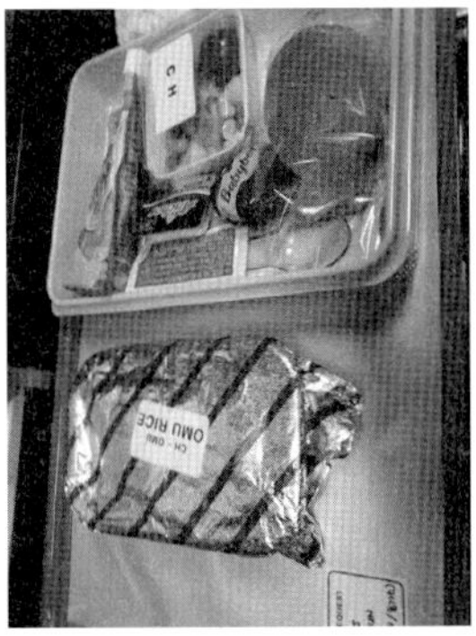

<table>
<tr><th>종 류</th><th>제공 메뉴</th></tr>
<tr><td>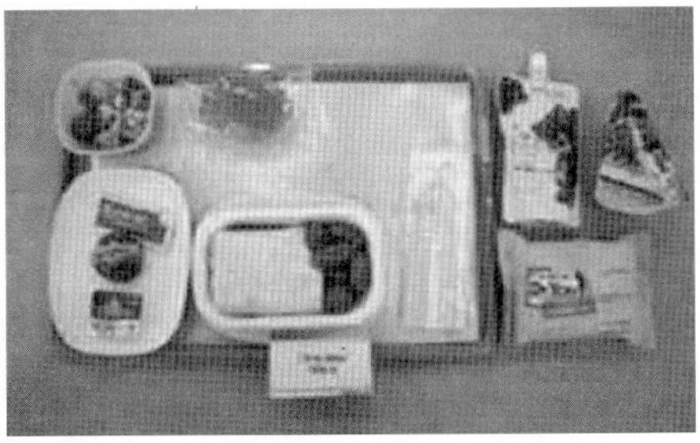</td><td rowspan="2">• 정의 : 만 2세 이상 12세 미만의 어린이 고객에게 제공하는 어린이 메뉴
• 메뉴종류
가. 한국 출발편 : Cycle 구분 없이 연간
Hotel Meal 4종 / Cold Meal 2종 운영
나. 해외 출발편(Meal Cycle 구별 없음)
- ICN 왕복 탑재 : 햄버거, 스파게티, 오므라이스, 돈까스
- 현지 탑재 : 햄버거, 핫도그, 스파게티, 피자</td></tr>
<tr><td>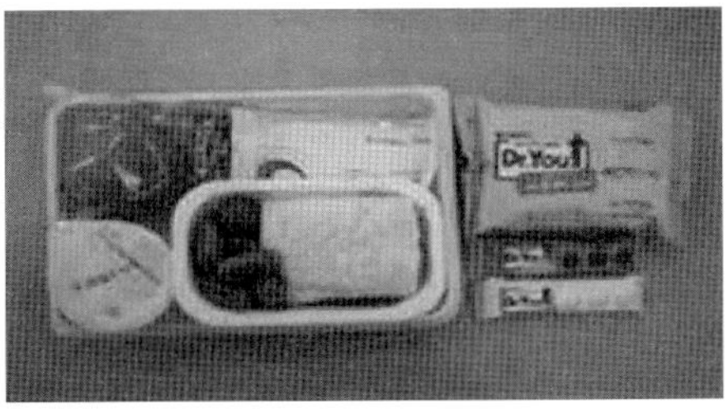</td></tr>
</table>

아시아나 항공사의 어린이 식사-Child Meal

2) 종교식

종교식이란 특정한 종교를 믿는 승객을 위해 사전 예약 주문대로 제조하여 기내에 탑재된 기내식을 말한다.

① Hindu Meal(HNML)

비 채식 인도인을 위한 식사로 소고기나 송아지 고기를 사용하지 않고 양고기, 가금류, 해산물과 생선을 사용하여 제조된 기내식을 말한다.소고기 송아지고기, 돼지고기, 날생선 및 훈제생선을 사용하지 않으나 양고기, 닭고기 익힌생선, 해산물, 우유제품은 사용한다.

② Moslem Meal(MOML)

이슬람의 회교율법에 따라 알콜,돼지고기나 돼지의 부산물을 일체 사용하지 않고 제조된 기내식을 말한다.무슬림의 할랄(HALAL)방식으로 만들어지며 알코올,돼지고기,햄,베이컨,젤라틴이나 돼지의 부산물을 일체 사용하지 않고 쇠고기나 양고기,닭고기를 할랄 방식에 따라 준비하여 사용한다.

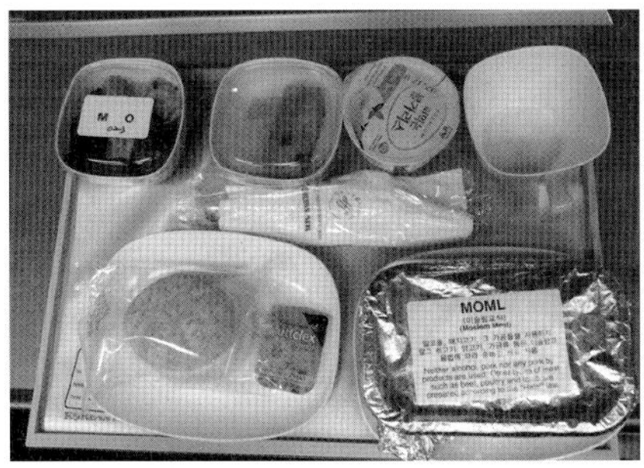

③ Kosher Meal(KSML)

주로 이스라엘 국적의 승객이 취식하며 유대교 율법에 따라 조리하고 기도를 올린 것으로 돼지고기를 사용하지 않고 소고기 양고기를 사용하여 제조한다.식기는 재사용하는 것을 금지하고 있어 1회용 기물로 사용하고 Sealing이 되어있다.유대정교의 신앙을 가진 승객을 위한 식사이며 유대교 고유의 전통의식을 치른 후 조리된 음식이고 어느 항공사 든지 완제품을 구매하여 밀봉상태로 탑재하여 객실승무원이 승객의 허락을 득하고 개봉하여 제공한다.

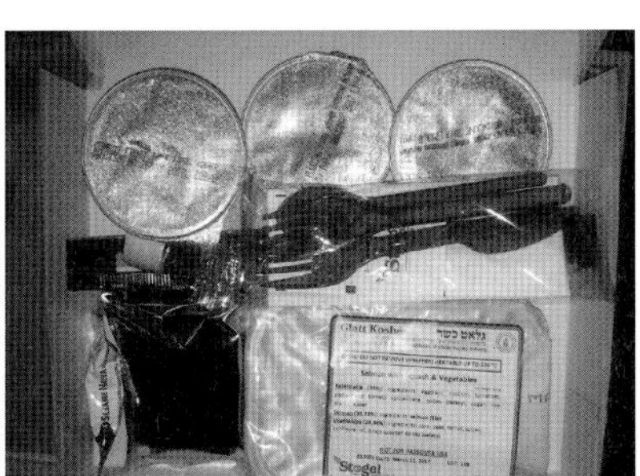

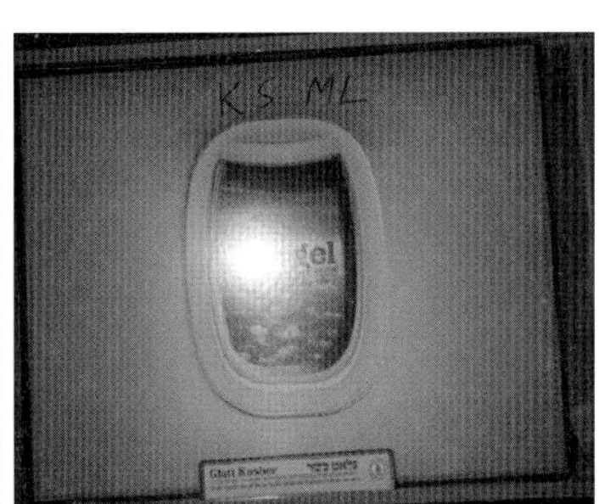

3) 야채식

특정한 종교나 지역의 승객들이 주로 이용하는 기내식으로 일반인이 보기에 상당히 제조 과정이 어렵게 되어있고 내용물 및 이름도 특이하니 잘 파악해 두는 것이 필요하다.

① Vegetarian Vegan Meal(VGML)

육류, 어류, 동물성지방, 젤라틴, 계란, 유제품, 꿀을 사용하지 않는 엄격한 서양식 채식이며 일체의 생선, 육류, 육가공품, 동물성지방, 젤라틴을 사용하지 않고 주로 곡류, 과일, 야채와 식물성기름을 이용하여 제조하는 기내식을 말한다.

② Vegetarian Lacto-Ovo Meal(VLML)

모든 육류, 생선류, 가금류, 동물성지방, 젤라틴을 사용하지 않으나 계란, 유제품은 포함된 서양식 채식을 말한다.

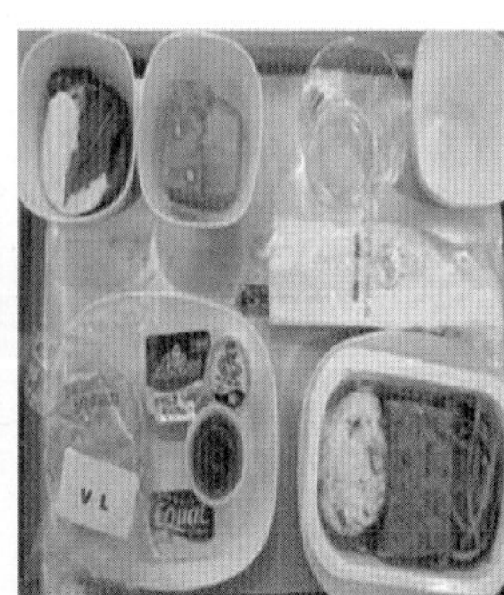

③ Vegetarian Hindu Meal(AVML)

생선, 가금류를 포함한 모든육류와 계란을 사용하지 않으나 유제품은 사용하여 제조된 기내식을 말한다.따라서 모든 종류의 생선, 육류, 육가공품, 동물성지방, 계란은 사용되지 않는다.

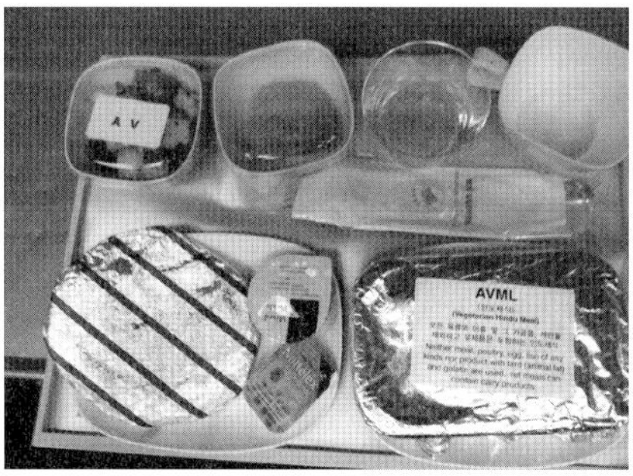

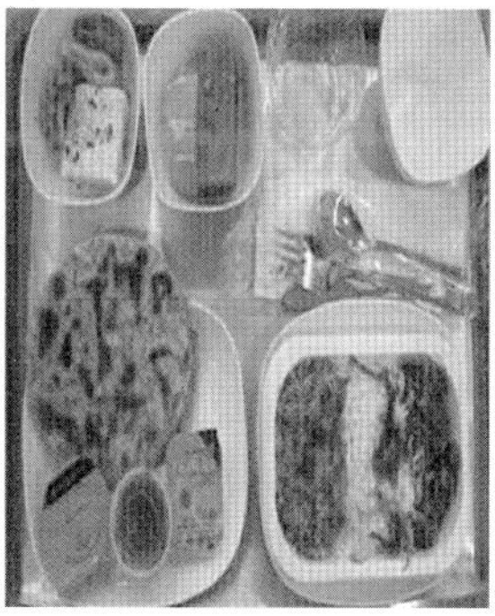

④ Vegetarian Jain Meal(VJML)

모든 육류, 생선, 가금류, 유제품, 동물성 지방, 계란 및 양파, 마늘 생강등의 뿌리식품을 사용하지 않고 제조된 기내식을 말하다.야채, 신선한과일, 곡류, 콩류, 향신료, 시리얼, 두부는 사용가능하다.

⑤ Vegetarian Oriental Meal(VOML)

생선류, 가금류를 포함한 모든 육류와 계란 유제품을 포함하는 모든 동물성 식품은 사용 치 않으나 야채, 신선한 과일을 사용하고 양파, 마늘, 생강 등의 뿌리식품은 사용 가능한 중국식으로 제조한 동양식 채식이다.

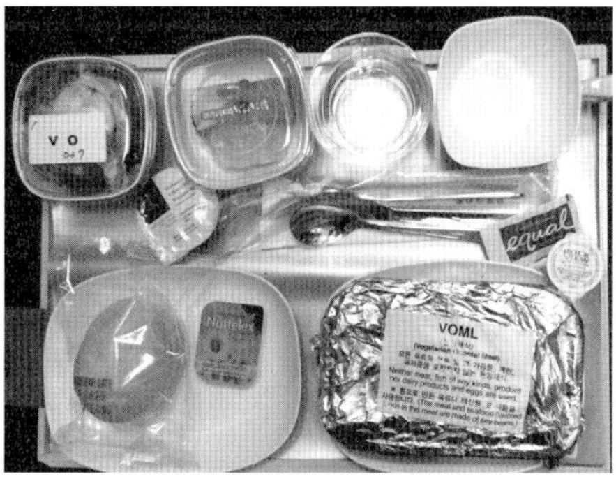

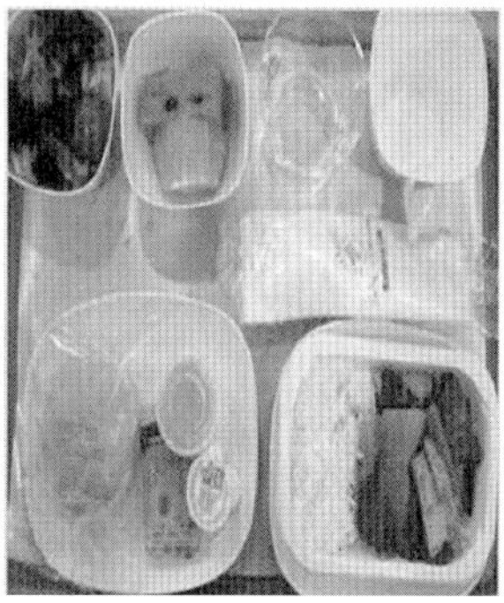

⑥ Raw Vegetarian Meal(RVML)

카페인, 방부제, 중독성가공식품을 사용하지 않고 생과일, 생야채를 사용하여 제조한 기내식을 말하며 생야채 채식주의자에게 제공하고 유제품과 빵류는 취식 가능한 채식을 말한다.

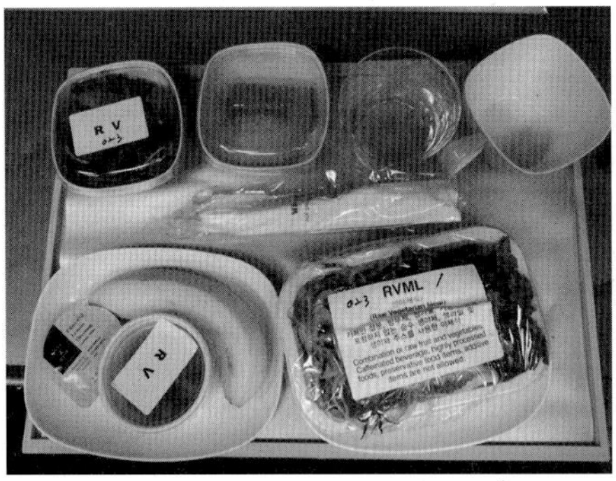

4) 건강 조절식

① Low Fat Meal(LFML)

콜레스테롤이 높은 고지방육류, 계란, 농축된 육수, 갑각류등을 사용하지 않고 저지방육류, 생선 등을 사용하여 조리한 기내식을 말하며 조리시 기름에 튀기거나 볶는대신 찜이나 굽는 방법을 사용한다. 관상심장질환, 고지혈증, 동맥경화증 환자를 위한 식사이며 지방섭취량을 100g, 당3g, 포화지방섭취량 100g으로 제한한다. 고섬유질빵과 시리얼, 과일, 채소는 함께 제공가능하다.

② Diabetic Meal(DBML)

열량, 단백질, 지방 섭취량을 조절하고 식사시간에 따른 식사량을 배분해 주며 포화지방산의 섭취를 제한한 식사로 주로 당뇨병 있은 승객이 취식한다. 저지방유제품,정제되지 않은 곡류가 함유된 빵, 밥 및 시리얼 제품으로 구성되어 있고 껍질을 제거한 가금류, 육류살코기, 고섬유질 음식은 취식 가능하다.

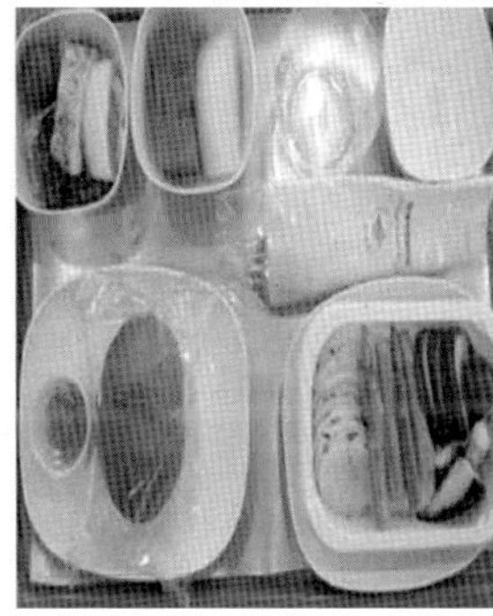

③ Low Calorie Meal(LCML)

칼로리 제한 식사를 원하는 비만환자나 체중조절을 목적으로 열량을 제한한 기내식을 말하며 한끼당 400칼로리 미만의 저지방,고섬유식 음식을 의미한다. 지방함량이 적은 육류, 저지방유제품, 과일, 채소류를 제공하며 튀기는 조리법을 사용하지 않고 고지방의 디저트나 소스류를 제한하는 기내식을 말한다.

④ Bland Meal(BLML)

유동식을 말하며 소화기능이 저하된 승객과 위장장애, 수술한 환자승객에게 소화되기 쉽도록 만들어진 기내식을 말한다. 튀긴 음식, 강한 향신료, 가스를 유발할 수 있는 야채 및 기름기 많은 음식을 제한하나

껍질을 제거한 가금류, 육류살코기,고섬유질 음식은 섭취가능하다. 일반적으로 항공사에서는 죽을 제공하고 있다.

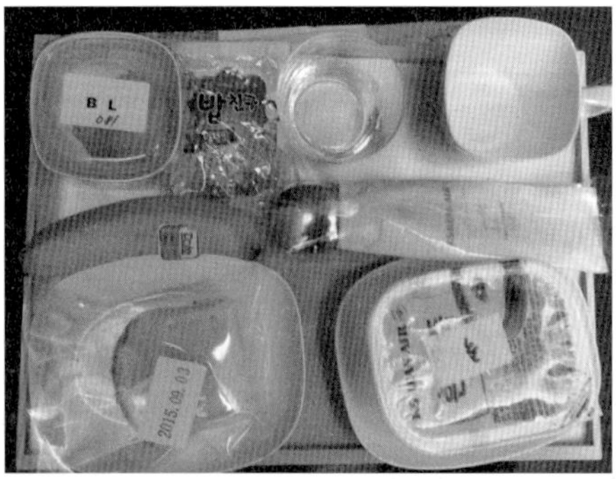

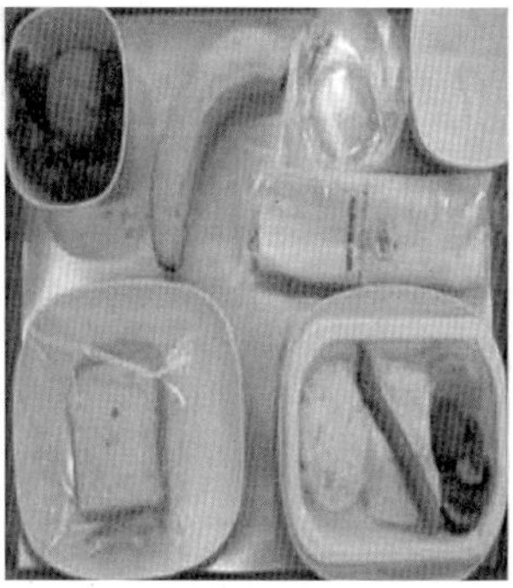

⑤ Gluten Intolerant Meal(GFML)

식재료내의 글루텐 함량을 엄격히 제한한 글루텐민감성 환자를 위한 식사를 말하며 글루텐 함량이 많은 밀, 보리, 호밀, 귀리, 맥아를 사용하지 않고 쌀, 감자, 고구마, 옥수수, 콩을 사용하여 제조한 기내식을 말한다. 두유, 유제품, 과일, 채소, 육류, 생선, 닭고기는 제공가능하다.

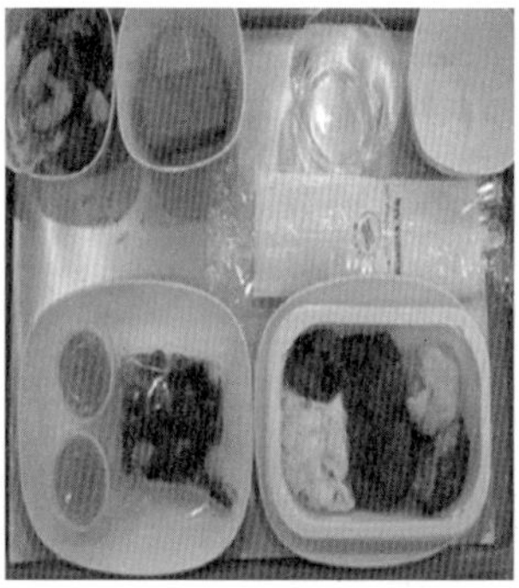

⑥ Low Salt Meal(LSML)

간질환, 심장병, 신장병, 심혈관질환자 및 염분이 제한된 식사를 원하는 승객에게 제공하고 하루 염분섭취를 100g당 120mg 이내로 제한한 식사를 말하며 훈제, 염장제품을 사용하지 않고 모든 소스

도 염분량을 고려하여 제조된 기내식을 말한다. 토마토 케첩이나 머스타드같은 제품도 아울러 제한하나 재료내 염분량 고려하여 허용범위내에서 사용가능하다.

⑦ Seafood Meal(SFML)

생선과 해산물을 재료로 하여 곡류, 야채, 과일이 함께 제공되는 기내식을 말한다.

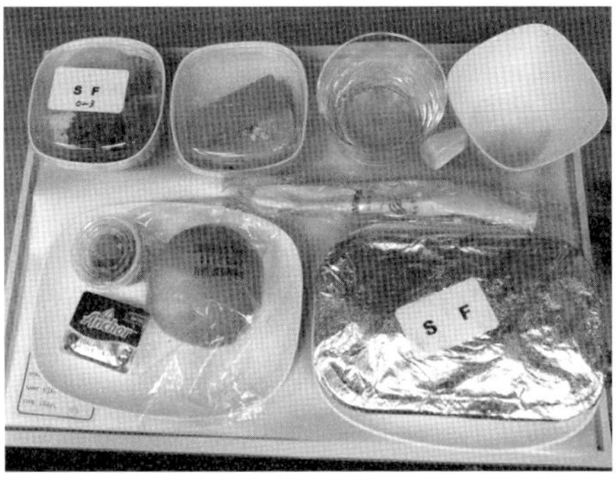

⑧ Fruit Platter Meal(FPML)

신선한 과일로만 제조된 기내식을 말한다.

⑨ Anniversary Cake(SPMA)

지름 11cm의 기념케이크로 탑재되며 생일, 허니문 등과 같이 특별한 날을 기념하고 축하하기 위한 케이크를 말한다.

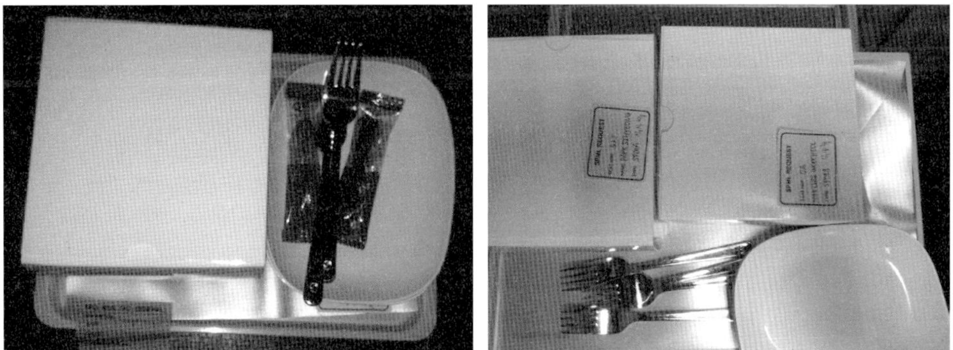

기내에 탑재된 SPMA-박스를 벗기면 아래의 작은 케이크가 들어 있음

허니문 케첩-인천/김포/부산/제주에서 출발시 제공, 지름11cm

Birthday Cake-인천/김포/부산/제주에서 출발시 제공, 지름11cm

5) Special Meal 제공방법

- 탑재점검 담당 객실승무원은 캐터링 직원과 Special Meal 인계인수 후 탑재내역을 객실관리자/캐빈매니저 에게 보고한다.
- 객실관리자/캐빈매니저 는 승객탑승 완료시점에 제공되는 SHR상의 Special Meal 내역과 대조하여 재 확인하며 Special Meal 이 탑재되지 않았을 경우 캐터링 담당직원엑 요청하여 조치한다.
- 승객 탑승 완료 후 겔리담당자(Galley Duty Crew)는 SHR을 참조하여 Special Meal 주문승객에게 내역을 확인하며 Special Meal Tag를 승객좌석과 Special Meal Tray에 부착 한다.
- Special Meal 은 항공사 별로 상이하지만 KE에서는 객실관리자가 직접 제공하는 것을 원칙으로 한다. 단 시간이 많이 소요되어 서비스가 지연될 경우 담당자와 역할을 분담한다.
- Special Meal 은 일반 기내식 보다 먼저 전달하여야 하며 제공시 주문승객과 일치하는지 재확인 하며 음료 및 와인도 동시에 제공되어야 한다.
- Kosher Meal(KSML)은 종이박스에 포장되어 스티커가 부착되어 있으며 제공하기전 주문한 승객에게 박스의 Sealing 상태를 보여드린 후 승객의 동의를 얻어 개봉하고 가열하여 제공한다.
- Child Meal은 서비스전 내용물의 구성상태를 점검하고 사전 주문받은 음료수와 동시에 제공한다. 어린이가 다수인 경우 내용물이 상이할 수

있으므로 반드시 내용물과 주문내역을 재확인 하여야 한다.

- Baby Meal은 Tray상의 랩을 완전히 제거한 후 일회용 타올과 함께 제공하며 Cutlery가 준비되어 있지 않는 경우 Tray위에 냅킨을 깔고 티스푼, 빨대를 함께 제공한다.

6) Special Meal이 탑재되지 않았을 경우 조치방법

- 승객이 사전 주문한 Special Meal이 탑재되지 않았을 경우 담당 객실승무원은 승객에게 정중히 사과한 후 객실관리자/캐빈매니저 에게 보고하여 추후 재사과 할 수 있도록 한다.
- 객실승무원의 잘못으로 일반승객에게 Special Meal 이 오전달 되었을 경우 승객취식 전 일 경우 에는 Special Meal을 즉시 회수하고 일반식사로 제공한다.승객이 보는 앞에서 회수한 Special Meal을 원래 주문한 승객에게 다시 재 전달하지 않고 사과와 함께 가장 비슷한 대체 식사를 고려

심쿵^^ 스페셜밀 듀티

객실승무원은 비행전날 객실사무장(캐빈매니저)이 지정한 개인업무 배정에 의거 당일 비행에서 스페셜밀을 확인하고 제공 하게 되는 담당승무원을 맡게 된다.스페셜밀 담당승무원은 컴퓨터를 통해 자신의 듀티를 확인하는 순간 "심~쿵" 하며 객실브리핑 때부터 가슴이 답답하고 두근두근 하곤 한다. 왜냐하면 스페셜 밀이라는 것은 말 그대로 기내에서 제조하기가 쉽지 않아 지상확인,승객확인,제공시 까지 적지 않은 수고와 책임이 수반되고 취급을 잘못하여 다른 승객에게 잘못 전달하고, 파손 되거나 잃어버리기라도 한다면 4만 피트 상공에서 정말 난감하기 때문이다.

앞에서 언급했지만 스페셜 밀을 주문하는 승객의 성향을 보면 1)건강상의 문제 2)종교상의 문제 3)특수한 상황이 동반된 승객이 대부분이라 객실승무원 입장에서 보면 일반 승객과는 달리 보편화된 기내서비스 제공하기에 상당히 까다로운 승객임에는 틀림없다. 따라서 스페셜밀 담당승무원은 비교적 경력이 많은 객실승무원을 배정하게 되며 개인에게 주어진 큰 책임감에 모든 승무원이 기피하고 선호하지 않는 기내업무라고 할 수 있다.

해 보아야 한다.

- 예약한 승객의 Special Meal이 탑재되지 않았을 경우에는 승객의 양해를 구하고 의향을 물어보아 가장 비슷한 대체식사를 제공하여야 하며 중간 기착지에서 환승할 경우 사전에 연락하여 다음구간에서 정확히 탑재 될 수 있도록 해야한다.
- 권유가능한 대체음식을 권유하되 승객이 선택한 음식에 한해 제공하며 객실승무원 임의대로 조리 및 가공하지 않는다.

2. 아기용 요람(Bassinet-BSCT)

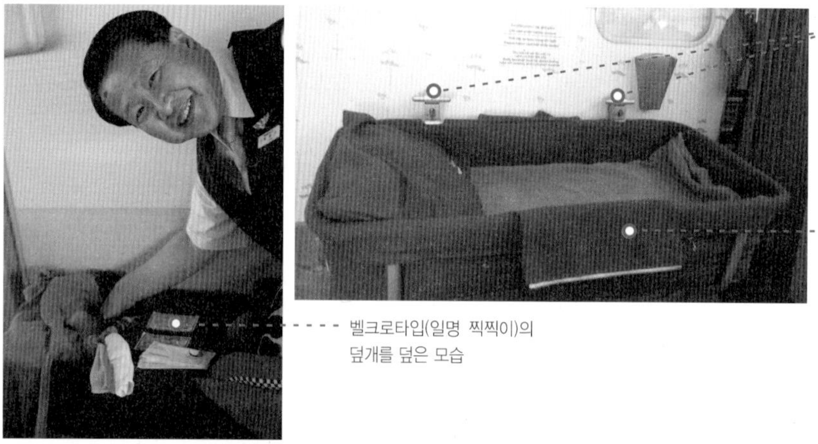

아기요람을 항공기 벽면에 고정시키는 장치이며 요람에 붙어 있다.

난기류시 아기의 요동을 막아주는 벨크로타입의 덮개

벨크로타입(일명 찍찍이)의 덮개를 덮은 모습

Bassinet은 지방공항 출발편을 포함한 모든 국제선 운항편에 제공되며 항공기 출발 48시간 전까지 사전 예약한 유아승객에게 제공된다.

아기요람은 아기의 몸무게가 11kg 미만이고 키는 75cm 미만인 아기에게, 즉 평균 6개월 미만의 유아에게 사용되며 신체 사이즈가 Load Limits를 초과하는 경우 고정핀의 이탈로 떨어질 수 있는바, 정확한 규정을 준수해야 한다.

아기용 요람은 객실 내 일정 장소(BULK SEAT)에만 장착 가능하고 개수가 제한되어 있으니 SSR/SHR을 이용하여 사전에 개수/장소를 파악하여야 한다.

아기, 어린이에게 제공되는 기내 선물

진공포장을 뜯게되면 담요와 코알라가 등장한다.

3. 휠체어(Wheel Chair-WCOB/WCHC/WCHR/WCHS)

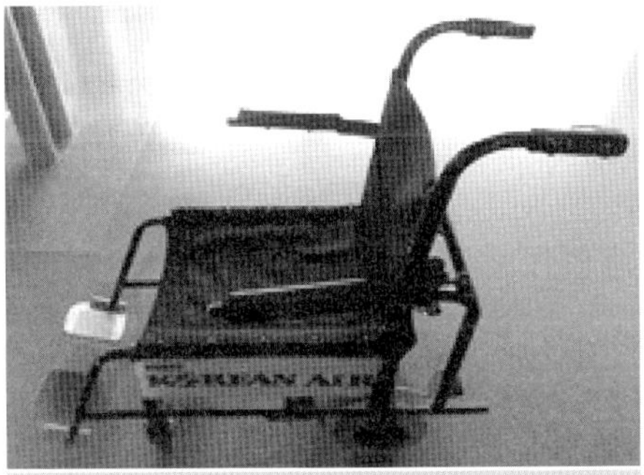

항공사 지상에서 사용하는 휠체어

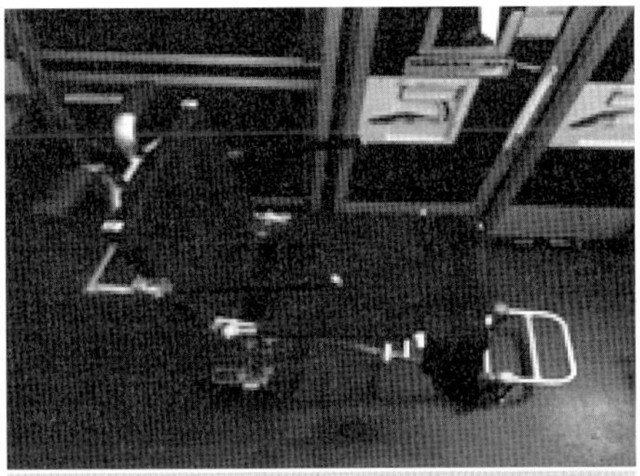

항공사 기내에 비치되어 있는 휠체어

☑ SHR/SSR에 적용되는 Wheelchair 관련 용어

- WCOB(Wheel Chair for Onboard) : 객실 탑승시 휠체어가 필요한 승객
- WCHC(Wheel Chair for Cabin) : 객실에서 이동할 때 휠체어가 필요한 승객
- WCHR(Wheel Chair for Ramp) : 램프에서 이동할 때 휠체어가 필요한 승객
- WCHS(Wheel Chair for Step) : 계단에서 이동할 때 휠체어가 필요한 승객

거동이 불편한 승객을 기내에 탑승시키거나 하기할 때 사용하는 기구로서 승객이 앉으면 뒤편의 안내인이 밀고 원하는 목적지로 이동하는 시설을 말한다. 국내항공사는 무료이나 서방의 항공사는 유료인 항공사가 많다.

ON Board Wheelchair란?

기내에 탑재되어 있는 조립식 온보드 휠체어

기내에 탑재되어 있는 휴대용 조립식 휠체어를 말하며 미주행 항공기편에는 항상 탑재한다. 일반적으로 지상에서 사용하는 휠체어는 특수하게 제작된 경우 제외하고 기내 복도와 사이즈가 달라 기내 복도를 이동하지 못한다. 따라서 기내 복도를 자유스럽게 이동할 수 있도록 제작되어 기내에 탑재돼 승객 필요시 항시 제공할 수 있는 휠체어를 On Board Wheelchair라고 한다.

4. 의료용 들것(Stretcher-STCR)

걸을 수 없고 기내 좌석에 착석하기 불가능할 정도로 상태가 위중한 승객이 항공기로 운송할 때 사용하는 일종의 침대시설로서 의료인이나 가족이 동반하며 일반적으로 일반석 6개의 좌석을 점유하여 사용한다. 환자의 개인 사생활 보호를 목적으로 비행 중 커튼을 사용하며 의료용 들것은 현지에서 승객 탑승 전 준비하는 것이 원칙이나 왕복편 좌석이 여유 있고 현지 공항시설이 열악한 경우 인천공항 출발시 준비하는 경우도 있다.

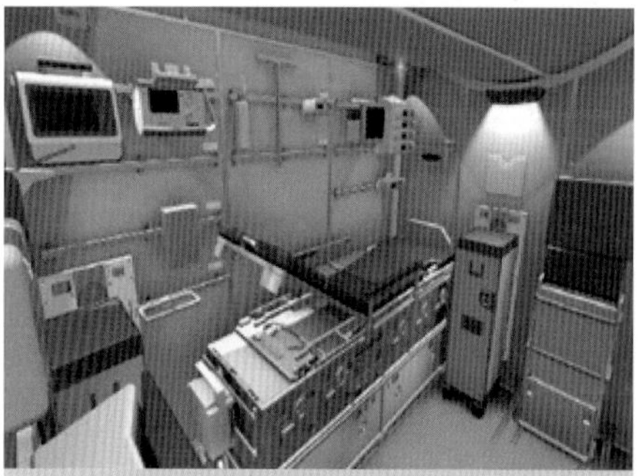

A380, 747-8i 항공기의 최신형 스트레처

Stretcher 환자가 탑승시 머리는 항공기 진행방향으로 하고 4점식 벨트로 이/착륙 전 환자를 단단히 고정하게 된다.

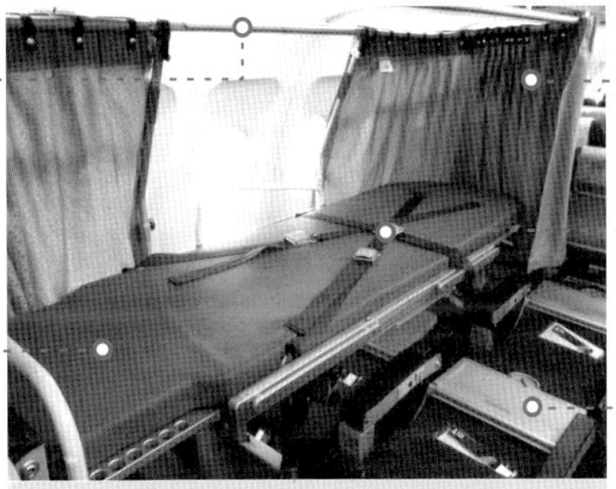

기존 항공사에서 사용하고 있는 스트레처

5. 의료용 산소통(Medical Oxygen Units)

의료기관이나 항공사 의료센터에서 의학적 사전승인을 받은 승객에 한해 산소통, 마스크 및 산소관련 장비 일체를 승객에게 제공하는 것을 말한다.

의료용 산소통은 분당 2리터에서 8리터까지 산소 공급이 가능하며 객실승무원은 승객이 탑승하기 전 탑재된 의료용 산소장비와 마스크를 연결하고 탑재된 의료용 산소통의 전반적인 상태(충전상태 포함)를 확인해야 한다. 의료용 산소통을 사용하는 환자는 '비상구 및 Bulkhead 좌석', '다른 승객이 비상구 및 통로를 지나가는 데 방해가 되는 좌석'은 착석할 수 없다.

대형 의료용 산소통

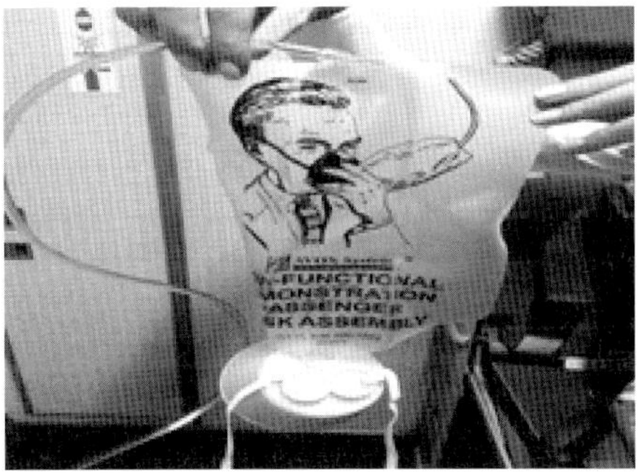

6. 임산부용 Special KIT

탑승일자 기준으로 32주 미만 임산부는 일반인과 동일하게 간주되고 출산이 임박했거나 임신합병증이 예상되는 경우에는 의사의 소견서가 필요하다.

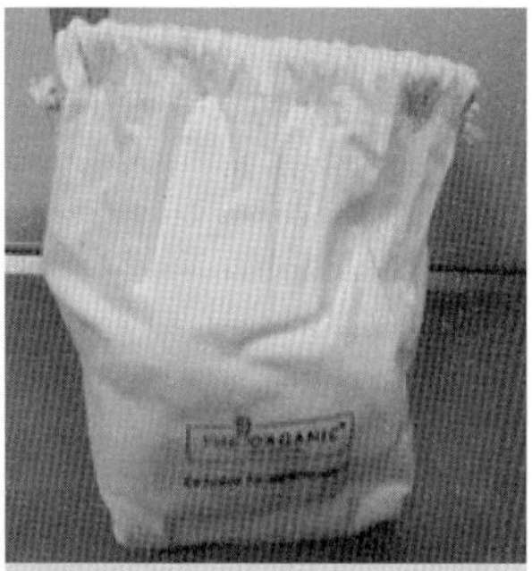
KE 항공사에서 제공하는 임산부용 KIT

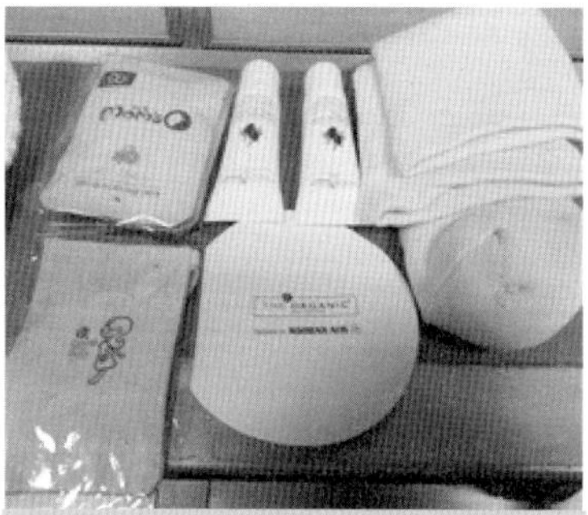
내용물

대한항공에서는 임산부의 기내 여행을 돕기 위해 한국 출발 국제선을 이용하는 임산부에게 유기농 수면양발, 스킨케어 제품, 임신부용 차(Tea) 등이 포함된 별도의 임산부용 기내 편의용품을 제공하고 있다. 출발 24시간 전 예약해야 기내에 탑재되며 객실승무원이 주문한 승객의 좌석번호 및 신상을 알 수 있도록 SHR/SSR(Special Handling Request)에 자동 기록된다.

7. 아기전용 Seat

KE 항공사에서는 아기전용 항공기용 Seat를 제공하고 있다. 항공기 출발 48시간 전까지 예약해야 하고 한국 출발시 기내에 탑재되며 외국공항 출발시 한국에서 기내에 탑재하여 운송되어진 아기전용 Seat를 객실승무원이 승객에게 제공하게 된다. SHR상에 표기 되어 있으며 창측 좌석, 연결되어 있는 좌석 열의 중앙좌석, 다른 승객이 통로로 나가는 데 지장 없는 좌석에 장착할 수 있고 통로 측, 비상구 좌석은 장착 불가하다. 사용 후 탑재되어 온 원위치에 보관한다.

실제 유아에게 제공되는 Seat

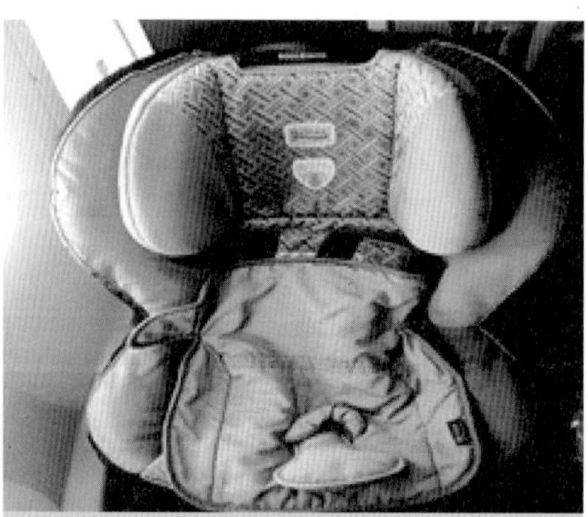
정면 모습-Made in USA

PART 2

승객 탑승 및 이륙 전 서비스

능력단위정의

승객 탑승 및 이륙 전 서비스란 탑승위치 대기, 탑승권 재확인, 좌석안내, 수화물정리지원, 특수고객지원, 탑승환영 안내 방송을 수행하는 능력이다.

학습목표

기내 서비스용품 점검, 서비스 설비 및 기물 점검, 요청 사항 점검을 수행할 수 있다.

선수학습

운송 서비스 규정, 객실 서비스 규정, SSR(Special Service Request), 서비스용품 리스트, 기물 리스트, 국가별 입국서류의 종류 및 작성법 등의 내용을 숙지

핵심용어

승객 탑승, 기내 서비스용품, 기내 서비스용품 점검, 서비스 설비, 기물 점검, 운송 서비스 규정, 객실 서비스 규정, 항공기 객실 구조, 객실 체크리스트, 입국서류, SSR(Special Service Request), 기물, 화장실 설비

(인용출처 : NCS 홈페이지-항공객실서비스)

Chapter 01

탑승위치 대기하기

1. 대기자세 취하기
2. 승객 탑승시 객실승무원 담당구역별 대기위치
3. 탑승 인사하기
4. 눈높이 자세 취하기

Chapter 01

탑승위치 대기하기

수행 준거

- 객실 서비스 규정에 따라, 승객의 항공기 탑승 전, 각자에게 부여된 임무를 수행하기 위하여 해당 근무지역에서 탑승을 위해 대기할 수 있다.
- 객실 서비스 규정에 따라 승객 탑승시 대기자세를 취할 수 있다.
- 객실 서비스 규정에 따라 승객 탑승 시 밝은 표정으로 환영 인사를 할 수 있다.
- 객실 서비스 규정에 따라 탑승 승객에 따른 눈높이 서비스 자세를 취할 수 있다.

(인용출처 : NCS 홈페이지-항공객실서비스)

승객 탑승 전 대기하고 있는 저자

탑승 게이트의 일반석 탑승시작 안내표지

01 대기자세 취하기

- 시선은 정면을 향하고
- 턱은 당기고
- 등과 가슴은 곧게 편다.
- 손은 자연스럽게 내려 놓는다.
- 무릎과 발 뒤꿈치를 붙이고
- 각도는 30도로 벌린다.

OZ 아시아나항공 탑승 전 대기 모습

객실승무원은 승객이 항공기 내에 탑승 전 탑승 환영인사 및 기내 대기위치를 숙지하기 위해 탑승하게 될 항공기 객실 구조에 대한 이해가 선행되어야 한다. 일반적으로 기내를 객실(客室) 또는 캐빈(Cabin)이라고 하며 항공기 객실은 기종에 따라 몇 개의 구역(Zone)으로 나뉘어진다. 객실 내 구역은 한글로 가, 나, 다, 라 이런 방식이 아닌 모든 국가에서 사용하고 이해하기 쉽도록 영어의 알파벳을 이용하여 A, B, C, D 즉 A ZONE / B ZONE /C ZONE, UPPER DECK과 같은 영어 알파벳을 사용하여 표현하며, 객실승무원 담당구역이라는 것은 비상시 사용하는 비상구(Emergency Exit)와 비상구 사이를 기준으로 하여 구분하는 것이 통상적이고 객실승무원의 근무지역을 구분하는 척도가 된다. 출처 : NCS 항공객실서비스

아래 사진은 항공기 기종별 구역과 승객 탑승시 기내에서 대기하는 객실승무원의 위치를 나타내는 사진이며 승객 탑승시 각각 일반석/상위클래스 탑승 승객 위한 탑승 환영담당 객실승무원의 대기장소와 탑승 환영인사를 담당하지 않는 객실승무원의 대기위치를 표시하고 있으니 자세히 살펴 보도록 하고 기종별로는 소형기(Narrow Body)에서 대형기(Wide Body) 순으로 설명하였다.

참고로 전 세계 모든 항공기의 승객 탑승은 항공기 왼쪽 앞편에 설치되어 있는 비상구를 이용하여 탑승하게 되며(공항 특수사정상 왼편 제일 앞쪽과 제일 뒤편의 비상구를 동시에 이용하는 경우도 있음-중동국가에서 많이 시행) 항공기의 오른쪽 문은 기내식과 기용품 또는 스트렛처 환자/휠체어 환자를 탑승하고 하기하는 용도로만 사용하고 있다.

승객이 탑승하는 탑승교

일등석, 비즈니스 클래스 탑승객을 위한 전용 탑승구. 안쪽으로 들어가면 항공기 도어에 상위클래스 탑승 환영인사하는 승무원이 기다리고 있다.

탑승교 안쪽 모습

일반석 탑승객을 위한 전용 탑승구. 안쪽으로 들어가면 항공기 도어에 일반석 탑승 환영인사하는 승무원이 기다리고 있다.

램프버스를 이용하여 비행기 앞에서 스텝카를 이용하여 비행기로 탑승하는 모습

탑승교를 이용하지 않을 때는 램프버스-Ramp bus를 이용한다.

02 승객 탑승시 객실승무원 담당구역별 대기위치

사진을 이해하기 위해 필요한 용어

L : Left 항공기 왼편을 의미한다.

R : Right 항공기 오른편을 의미한다.

F : First class 일등석을 의미한다.

C : Clipper class 비즈니스 클래스를 의미한다.

Y : Economy class(원래대로 하면 E로 표시되야 하나 일등석 표기인 F 보다 앞서서 제일 끝자리 알파벳을 사용함) 이코노미 클래스, 즉 일반석을 의미한다.

1, 2, 3… : 항공기 앞쪽에서부터 설치된 도어 순서를 의미한다.

ex) L1 – 항공기 왼편 제일 앞쪽 도어. R1–항공기 오른쪽 제일 앞쪽 도어

R3 – 항공기 오른편 앞에서 3번째 도어

왼편(L) /오른편(R)의 구분 : 항공기 내에서 앞쪽(조종실쪽)을 바라보고 서 있을 때 기준으로 왼편과 오른편을 구분한다.

Pitch : 앞 좌석과 뒤 좌석 간의 거리를 의미하며, 숫자가 클수록 좌석 간의 거리가 멀어 쾌적한 좌석이다.

G : Galley, 기내서비스를 준비하는 장소를 말한다.

A : Attendant, 승무원 좌석을 말한다.

소형기(협동체 : Narrow Body)

소형기는 기내에 복도가 한 개만 설치되어 있는 B737/A320/321/CRJ200 항공기에 해당되며 객실 내 장착된 비상구가 날개 위 작은 비상구(Overwing Exit) 포함하여 총 2~8개 정도로 구비되어 있고 구역(ZONE) 개념이기보다는 앞쪽(FWD), 뒤쪽(AFT)으로 설정하여 객실승무원의 근무구역을 할당한다. 승무원의 탑승객 환영인사 및 좌석안내 대기위치는 항공기 제일 앞쪽 왼편 도어와 비상구 주변으로 분포되어져 있다.

1. 소형기 : CRJ-200

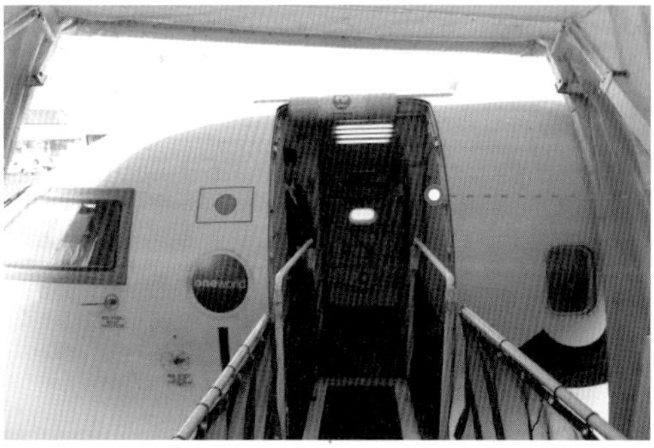

CRJ-200 항공기는 제일 앞쪽 도어로만 탑승한다.
일반석 탑승 환영인사 준비 중인 일본항공 객실 승무원 모습

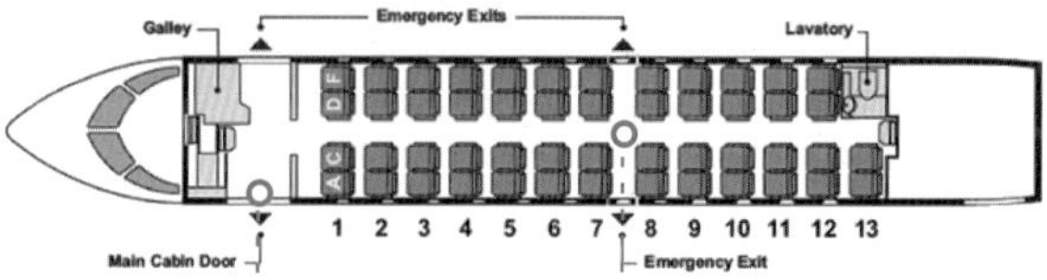

객실승무원이 일반석 승객 환영인사 위해 대기하는 장소 L1

일반석 좌석안내 승무원 대기위치

2. 소형기 : AIRBUS 320/321

A320/321 기종도 소형기이므로 상위클래스, 일반석 승객 탑승은 한 개의 탑승구만 이용한다.

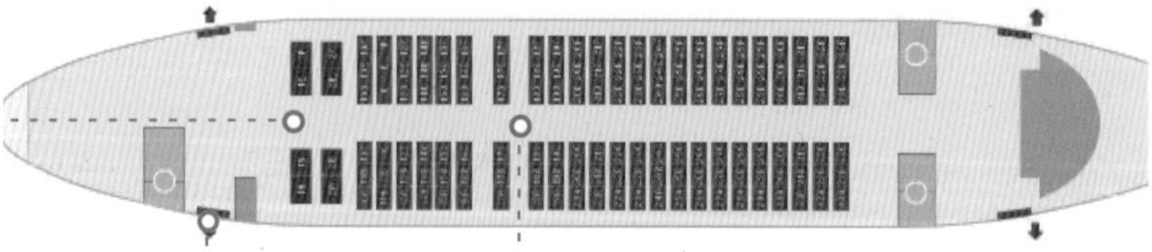

상위클래스 좌석안내 승무원 대기위치

객실승무원이 상위클래스 및 일반석 승객 환영인사 위해 대기하는 장소 L1

일반석 좌석안내 승무원 대기위치

3. 소형기 : B737-700/800/900

B737 소형기는 탑승구를 한 개만 이용하여 탑승한다. 상위클래스/일반석 탑승 환영인사는 항공기 전방 열려 있는 도어에서 실시한다.

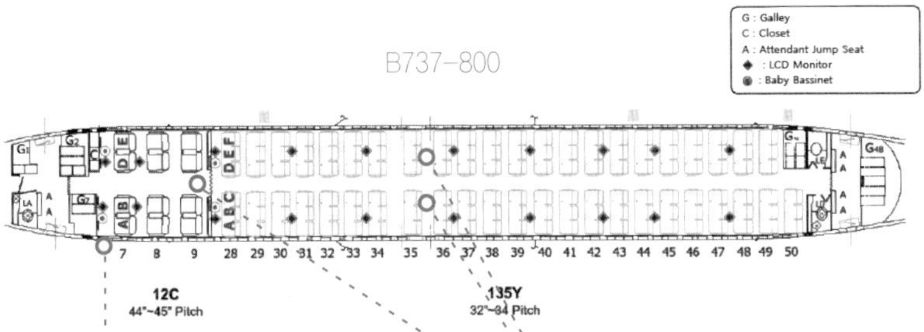

객실승무원이 일반석/상위클래스 승객 환영인사 위해 대기하는 곳 L1

좌석안내 대기위치

중형기(광동체 : Wide Body)

중형기는 KE/OZ 항공사의 A330/B777/B767 등의 항공기를 지칭할 수 있으며 기내에 복도가 2개 설치되어 있다. 또한 승객의 비상탈출구가 항공기 양쪽에 각각 3~4개씩 설치되어 있고 중형기의 근무구역 설정은 항공기 앞쪽부터 A, B, C, D 순서로 되어 있으며 승무원의 탑승객 환영인사 및 좌석안내 대기위치는 비상구 주변으로 되어 있다. 승객의 탑승도 중형기부터는 탑승객이 많은 관계로 제일 왼편 앞쪽 비상구 2곳을 이용하는 경우가 많다.

4. 중형기 : B767

B767 항공기도 광동체(WIDE BODY)이지만 탑승구를 한 개만 접안하는 경우가 많다. 따라서 이곳에서 승무원이 상위클래스와 일반석 승객 탑승 환영인사를 실시한다.

상위클래스 좌석안내 승무원 대기위치

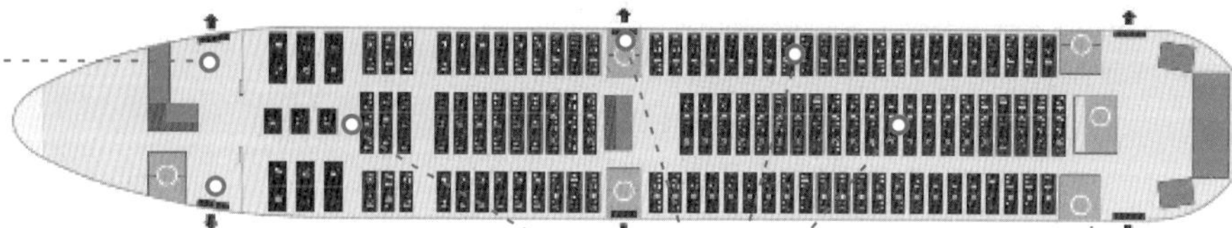

객실승무원이 상위클래스 및 일반석 승객 환영인사 위해 대기하는 장소 L1

일반석 좌석안내 승무원 대기위치

5. 중형기 A330-200/300

객실승무원이 상위클래스 승객 탑승 환영인사 위해 대기하는 장소 L1

객실승무원이 일반석 승객 탑승 환영인사 위해 대기하는 장소 L2

A330-200

일반석 좌석안내 승무원 대기위치

상위클래스 좌석안내 승무원 대기위치

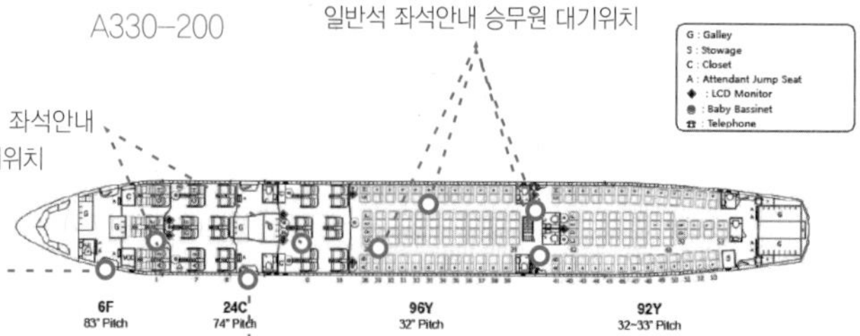

객실승무원이 상위클래스 승객 환영인사 위해 대기하는 장소 L1

객실승무원이 일반석 승객 환영인사 위해 대기하는 장소 L2

6. 중형기 : B777-200

객실승무원이 상위클래스 승객 탑승 환영인사 위해 대기하는 장소 L1

객실승무원이 일반석 승객 탑승 환영인사 위해 대기하는 장소 L2

상위클래스 좌석안내 승무원 대기위치

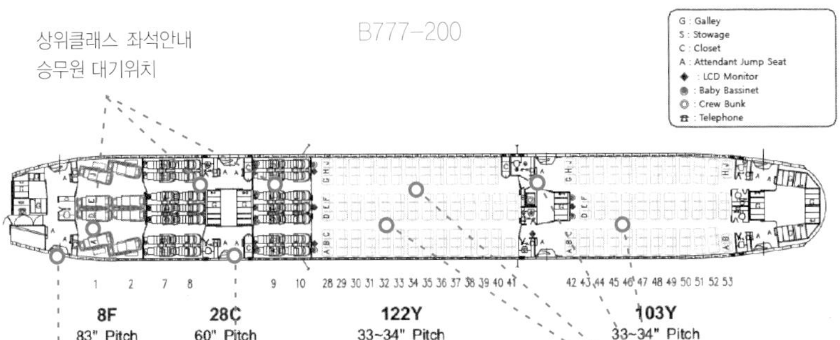

객실승무원이 상위클래스 승객 환영인사 위해 대기하는 장소 L1

객실승무원이 일반석 승객 환영인사 위해 대기하는 장소 L2

일반석 좌석안내 승무원 대기위치

대형기(광동체 : Wide Body)

대형기는 A380/B747/B777-300 등의 대형 항공기를 지칭하며 기종에 따라 항공기 양쪽에 각각 5개 정도 설치되어 있다. 객실승무원의 근무지역도 타 기종에 비해 상당히 광범위하여 앞쪽부터 A, B, C, D, E 구역 및 UPPER DECK으로 구성되어 있다. 특히 KE A380 기종인 경우 2층이 94석으로 이루어져 있어서 승객 탑승시 탑승구를 3개 이용하여 승객을 탑승시킨다. 승무원의 탑승 환영인사 위치는 A380- L1, L2, UL1이고 B747 / B777-300 항공기는 L1, L2 도어이며 좌석안내 승무원 대기위치는 비상구 근처 및 담당구역의 중간 열 복도이다.

7. 대형기 : B777-300

객실승무원이 상위클래스 승객 환영인사 위해 대기하는 장소 L1

객실승무원이 일반석 승객 환영인사 위해 대기하는 장소 L2

상위클래스 좌석안내 승무원 대기위치

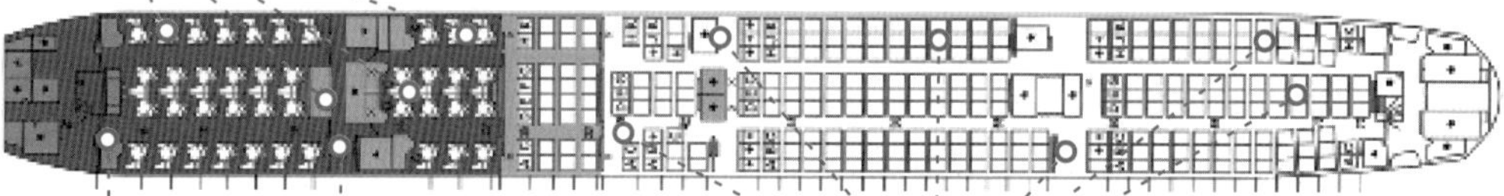

객실승무원이 상위 클래스 승객 환영인사 위해 대기하는 장소 L1

일반석 승객 탑승 환영인사 승무원 대기위치

일반석 좌석안내 승무원 대기위치

8. 대형기 : B747-400

객실승무원이 상위클래스 승객 탑승 환영인사 위해 대기하는 장소 L1

객실승무원이 일반석 승객 탑승 환영인사 위해 대기하는 장소 L2

B747–400

상위클래스 좌석안내 승무원 대기위치

일반석 좌석안내 승무원 대기위치

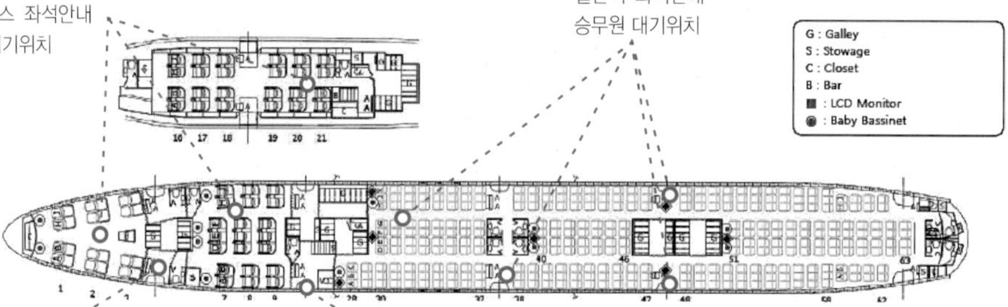

객실승무원이 상위클래스 승객 환영인사 위해 대기하는 장소 L1

객실승무원이 일반석 승객 환영인사 위해 대기하는 장소 L2

9. 대형기 : A380

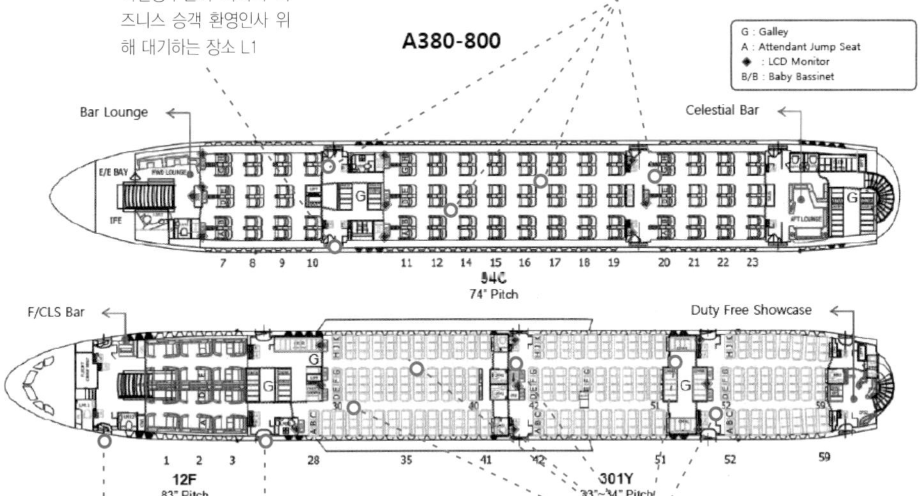

☑ 승객 탑승 직전 담당구역 승무원의 자세 및 탑승순서/탑승거절승객

객실사무장/캐빈매니저는 기장 및 지상직원과 협의하여 승객 탑승 직전에 기내 방송을 통해 객실승무원에게 승객의 정확한 탑승시간을 알려야 한다.

일반적으로 국내 모든 항공사는 승객 탑승을 항공기 출발 30/45분 전(국내선은 20/15분 전)에 실시하고 있다.

승객 탑승 시작 전 모든 승무원은

1. 유니폼 착용상태
2. MAKE-UP 상태
3. HAIR DO 상태를 재점검하고 탑승환영음악(Boarding Music)을 잔잔하게 틀어 놓은 후 담당구역에 2~4분 전 미리 대기하며 필요한 경우 기내 공기청정제인 스프레이(Spray)를 뿌려 승객 탑승시 상큼한 향기를 맡을 수 있도록 한다.

승객 응대 탑승시 승무원의 기본자세는

- 밝은 표정
- 편안함을 느끼게 하는 시선처리
- 도움을 줄 수 있는 적극적인 자세
- 따뜻한 응대를 위한 마음가짐이 필요하다.

승객 탑승 응대시 주의해야 할 행동은

- 탑승 승객의 요구, 문의에 적극적/능동적으로 응대해야 하고
- 시종일관 미소 띤 모습과 태도로 응대하며
- 승객을 오래 기다리게 하지 않아야 하고
- 승객과 소모적이고 불필요한 논쟁을 하지 않아야 한다.

국내 대형 항공사인 대한항공의 탑승순서

스트렛처 승객(사전 탑승)
성인 비동반 소아 · 노약자
유아 동반 승객
VIP, CIP
일등석 승객
비즈니스석 승객
일반석 후방 승객
일반석 중간 승객
일반석 전방 승객

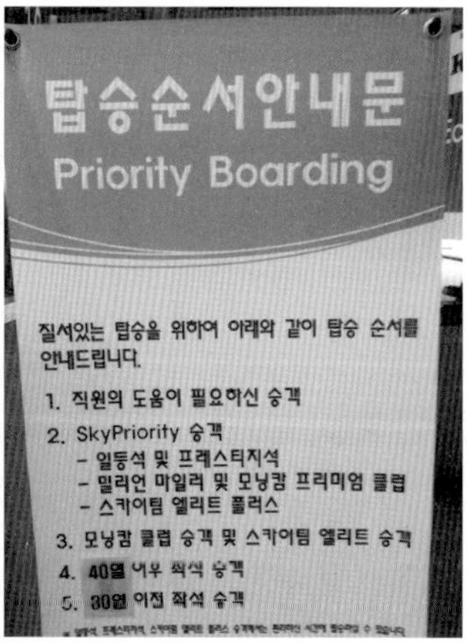

일반석의 경우 오버헤드빈(Overhead Bin)은 열어두어 승객 탑승시 사용가능한 오버헤드빈을 쉽게 찾을 수 있도록 해야 하며(단, 일등석은 닫아 놓은 채로 탑승 시작한다) 노약자, 임산부 등 승무원의 도움을 필요로 하는 승객에게는 적극적으로 도움을 줄 수 있어야 한다.

탑승거절승객

승객 탑승 중 아래에 해당하는 승객 발견시 객실사무장/캐빈매니저는 기장에게 통보하여야 하며 기장은 운송책임자 또는 객실사무장과 협의하여 해당 승객의 탑승 여부를 결정하여야 한다.

- 승객의 안전 및 항공기 보안을 위하여 필요한 정부기관 및 항공회사의 조치를 거부하는 승객
- 관련 국가의 적용법률, 규정 또는 명령의 준수를 위하여 탑승거절이 필요한 승객
- 항공기의 안전이나 운항을 저해하는 행위를 금지하는 기장 등의 정당한 직무상 지시 또는 승무원의 통제에 따르지 않는 승객
- 전염병을 앓고 있는 승객
- 만취한 승객
- 마약 등 향정신성 약물에 취한 승객
- 정신적으로 불안정하여 타 승객에게 위해를 줄 수 있는 승객
- 타인에게 불쾌감을 주는 기괴한 행동을 보이거나 심한 악취를 풍기는 상태에 있는 승객
- '병약승객 항공운송 신청서'에 의거하여 비행이 가능하다고 판단되지 않았거나 진단서나 의사소견서를 가지고 있지 않은 중한 질병상태의 승객
- 보안검색 또는 신분확인을 거부하는 승객
- 승객 또는 재물에 손상을 주는 행위에 관련된 승객
- 기타 탑승거절행위가 안전운항에 필요하다고 판단되는 승객

03 탑승 인사하기

인사를 보면 서비스가 보입니다.

- 인사는 서비스의 첫 동작이며 마지막 행동이다.
- 인사는 상대의 인격을 존중하며 정성의 마음으로 하는 친절과 협조의 표시이다.

리모트 주기장에서 스텝카를 이용하여 탑승하는 모습

A330-200 탑승 인사하는 모습

A380 항공기 탑승 시작하는 모습

탑승 인사는 매우 밝고 활기찬 모습으로 인사하여야 하고 노약자, 유소아 동반 승객 위주로 적극적인 도움을 제공하며 과대/과다 수화물 반입시 적극적으로 규제한다.

또한 주 탑승구 탑승안내 담당 승무원은 승객의 탑승권 날짜 및 편명을 확인한 후 해당 좌석방향을 정중하게 안내해야 하며 기타 객실 내 승무원은 담당구역 비상구 주변에 머물며 승객이 도움을 필요로 할 때 즉시 이동할 수 있도록 준비해야 하고 앞뒤로 이동하면서 승객을 안내한다.

객실사무장/캐빈매니저는 승객 탑승시 주 탑승구에 위치하며 모든 승객 탑승을 지휘하고 객실승무원을 적절히 배치하여야 하며 나머지 승무원은 단정한 복장을 갖추고 담당 Door 근처, Aisle에 대기하며 밝고 상냥한 표정으로 승객에게 환영인사를 실시한다.

인사말을 먼저 합니다.
"안녕하십니까?"

TIP!
밝은 목소리로 환영의 마음을 담아 즐거운 마음으로 인사합니다.

고객을 향해 바른 자세로 서서 밝은 표정으로 Eye-Contact

TIP!
고객과 첫 대면의 순간으로 얼굴 표정은 밝게 하고 몸가짐은 단정히 합니다.

상체를 정중히 굽히고 0.5~1초 잠시 멈추며 시선은 발끝 1~2m 앞에 두고 상체를 올립니다.

TIP!
정중하고 자연스럽게 인사합니다.

04 눈높이 자세 취하기

객실승무원이 성인 승객이나 어린이 승객 전면이나 팔걸이(Arm rest) 측방에서 자세를 낮추어 승객과 눈높이를 맞추고 응대하는 자세를 말하며 동양권 항공사에서 상위클래스 및 일반석 승객에게 정중히 대하는 모습으로 승객의 권위를 한껏 높여주는 자세이다.

눈높이 자세를 취해야 하는 시점은

- 승객과 장시간 대화를 하는 경우
- 승객에게 응대를 위해 먼저 다가가 대화하는 경우
- 승객에게 사과하는 경우로 나눠볼 수 있다.

고객 응대

- 고객의 1열 앞이나 Arm rest 옆쪽
- 앉은 자세로 등을 바로 세움
- 고객을 응대하는 방향의 무릎을 바닥에 닿도록 함
- 고객과 Eye Contact을 하며 응대함.

유의사항

자세를 안정되게 무릎을 바닥에 닿게 한다.
상체가 흔들리지 않도록 허리를 곧게 편다.
뒤꿈치가 보이지 않도록 유의한다.

눈높이 자세 후 승객과의 대화시 기본자세는 아래와 같다.

- 자신이 말을 하는 것보다 승객의 말을 잘 경청하는 자세를 유지하여야 한다.
- 밝고 맑은 목소리와 직질한 끊어 말하기, 친근감 주는 부드러운 목소리를 유지한다.
- 승객을 당황하게 만드는 불필요한 외국어나 약어, 항공 전문용어의 사용을 금한다.
- 듣기에 무리 없는 부드러운 언어, 즉 쿠션(Cushion)용어를 사용한다.
- 승객의 말을 경청하고 성의 있게 대화한다.

(인용출처 : NCS 항공객실서비스 – 학습모듈)

Chapter 02

탑승권 재확인하기

1. 항공기 탑승권(Boarding Pass) 이해하기
2. 항공기 내 객실등급
3. 현재 사용하고 있는 탑승권의 종류
4. 승객의 탑승권 점검시 주의사항
5. 탑승권 점검 중 상황별 대처요령
6. ONEPASS 모바일 탑승권 이용절차
7. 탑승권 확인 후 추가 점검사항

Chapter 02

탑승권 재 확인하기

수행 준거

- 객실 서비스 규정에 따라, 승객의 출발 일시를 확인할 수 있다.
- 객실 서비스 규정에 따라, 승객의 목적지를 파악할 수 있다.
- 객실 서비스 규정에 따라, 승객의 좌석 등급을 구별할 수 있다.
- 객실 서비스 규정에 따라, 승객의 좌석번호를 확인할 수 있다.

(인용출처 : NCS 홈페이지-항공객실서비스)

01 항공기 탑승권(Boarding Pass) 이해하기

'객실승무원은 승객 탑승시 비상구에서 승무원이 바른 자세와 밝은 표정으로 승객을 맞이하여야 한다. 또한 승객이 잘못 탑승하는 것을 사전에 방지하기 위해 승객이 소지하고 있는 탑승권의 날짜와 편명을 정확하게 확인해야 한다.'

승객의 탑승권(Boarding Pass)은 일종의 승객 자신의 안전을 보장하는 인증증서가 될 수 있고 배나 비행기 또는 차를 탈 수 있음을 인정하는 표식을 의미한다. 객실승무원에 의한 탑승권 재확인 절차는 승객과 승무원 및 비행 안전을 위해 비인가자의 항공기 탑승을 미연에 방지하는 차원에서 탑승 중 객실승무원에 의해 항공기 입구에서 반드시 실시하여야 한다.

대한항공 비즈니스 클래스 탑승권

현재 국내 일부 항공사에서는 탑승권 점검뿐만 아니라 항공기 안전보안을 위해 승객 탑승 후 객실 승무원이 Head count를 실시하여 다시 한 번 정확한 탑승이 이루어 졌는지 재확인하는 절차를 시행하고 있다.

탑승권에는 총 13가지의 승객정보, 즉 항공사 이름, 탑승자 이름, 출발공항, 도착공항, 편명, 출발일자, 출발시간, 좌석번호, 항공사 회원카드 번호, 해당 항공사 탑승 횟수, 누적된 항공마일리지가 입력되어 있으며 탑승권을 읽는 방법은 아래와 같다

승객 탑승권 읽는 방법

02 항공기 내 객실등급

1. 일등석(First Class)

전 세계 모든 항공사에서 최고의 인적 서비스를 제공할 수 있는 세련되고 숙련된 객실승무원과 최상의 기내식을 제공하고 집과 같이 포근하며 안락한 좌석을 공급하는 클래스이다.

최고급 기내식과 와인을 제공하며 객실 내의 일등석 위치는 일반적으로 항공기 소음이 덜한 앞쪽이나 이층을 이용하여 지정한다. 다른 클래스의 좌석에 비해 좌석 간의 사이가 매우 넓고 상당히 독립적인 분위기를 제공하며 특히 항공사별로 대형 항공기인 A380 비행기를 도입하면서 개인의 사생활을 보장해 줄 수 있는 슬라이딩 도어(Sliding Door)와 기내에서 간단한 샤워를 즐길 수 있는 장치까지 구비되어 있다.

일등석 탑승권

국내 KE/OZ 항공사의 일등석 전경

2. 비즈니스석(Business Class)

모든 항공사의 포괄적인 기내서비스를 누릴 수 있는 클래스이며 일등석과 좌석, 기내식, 기내 편의용품에서 차별된다. 일반적으로 비즈니스 클래스는 일등석의 뒤쪽에 위치하며 모든 항공사들의 항공 마케팅이 집중되는 클래스이므로 각 항공사마다 특징 있는 독특한 서비스를 제공하는 뜻에서 명칭을 달리 붙이고 있다. 항공사마다 경쟁적으로 신형항공기를 도입하면서 비즈니스 좌석에도 일등석과 마찬가지로 180도 젖혀지는 FULL-FLATING의 최신형 좌석이 설치되는 분위기로 진행되고 있으며, 2017년 현재 모든 항공사의 비즈니스 클래스는 일등석 못지않는 훌륭한 좌석을 갖추고 있다.

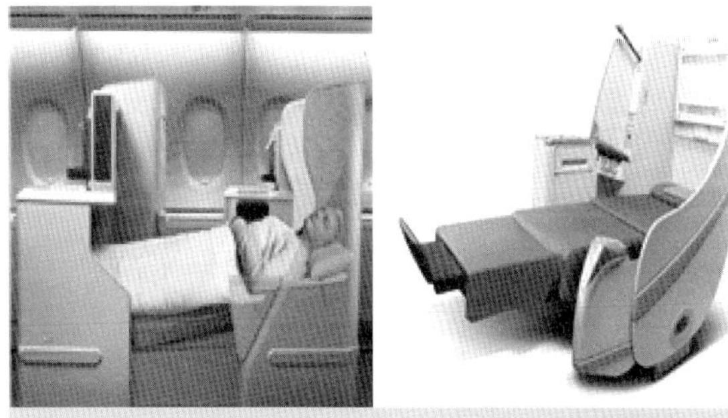

국내 OZ/KE 항공사의 비즈니스 클래스 전경

비즈니스 클래스 탑승권

따라서 비즈니스 클래스일지라도 이제는 일등석에 못지않는 안락함과 쾌적한 휴식 공간을 승객들이 누릴 수 있다.

3. 일반석(Economy Class)

일반석 탑승권

일등석, 비즈니스를 제외하고 가격면에서 일등석, 비즈니스 클래스에 비해 비교적 저렴하게 이용할 수 있는 클래스이다. 일반석에는 기종별로 약간의 차이는 있으나 최대 300~500명까지 탑승할 수 있는 대중적인 일반좌석을 갖추고 있으며 비즈니스 클래스와 마찬가지로 전 세계의 항공사가 일반석 승객의 편안함과 쾌적함에 모든 신경을 곤두세우고 있다. 최근 항공사별로 신형 기종에는 일반 일반석 좌석과 차별화된 등받이(Seat Back) 각도와 좌석 간의 간격 그리고 AVOD(Audio Video on Demand) 시

국내 KE/OZ 항공사의 일반석 클래스 전경

스템, 좌석 하단에 발 받침대(Foot rest), 휴대폰, 노트북 및 휴대용 전자기기를 급속 충전할 수 있는 ISPS(In Seat Power System)를 설치하여 운영하는 등 일반석을 둘러싼 경쟁이 치열해 지고 있다.

03 현재 사용하고 있는 탑승권의 종류

❶ 종이 탑승권

❷ 국내선 키오스크 발급 탑승권

❸ 온라인 체크인시 이메일 보딩패스

❹ 모바일 탑승권

04 승객의 탑승권 점검시 주의사항

☑ 승객 탑승 전 객실사무장/캐빈매니저의 역할

- 객실브리핑시 탑승구별 환영인사 및 탑승권 확인담당 승무원을 지정한다.
- 탑승구별 담당승무원의 정위치 및 객실 내 승무원의 분산배치 상태를 확인한다.
- 특히 A380 항공기에서는 승객 탑승 전 U/D 탑승구 방문 후 지정 승무원 정위치 여부를 확인한다.

> 탑승권 확인을 안내하고 허리를 약간 숙입니다.
>
> 주의점
>
> 고객의 탑승권을 받아 보기 위해 허리를 숙이며, 탑승 환영 인사나 Eye Contact을 놓치지 않도록 주의합니다.

☑ **승객 탑승 중 객실사무장/캐빈매니저의 역할**

- 특정 탑승구에 고정 위치하지 말고 승무원의 탑승권 확인/좌석안내 업무를 관리감독한다.
- 승객 탑승관련 비정상 상황이 발생한 경우 객실사무장/캐빈매니저 책임하에 신속히 후속 조치를 실시한다.

05 탑승권 점검 중 상황별 대처요령

상황 1

탑승권을 가방에서 꺼내기 힘든 이유 등으로 탑승권 제시를 거부하는 승객

- 대처방법 : 항공 보안상 탑승권 제시 후 탑승 가능하다고 안내하며 탑승권 확인 전까지 탑승을 제지한다.

상황 2

승객이 탑승권 제시를 지속적으로 거부할 경우

- 대처방법 : 해당 승객의 기내 진입을 제지하고, 운송직원을 호출한다.

상황 3

승객이 탑승권을 명확히 제시하지 않고 기내로 무단 진입을 시도하는 경우

- 대처방법 : 승무원이 승객의 기내 진입을 제지하고 승객의 탑승권을 확인한다. 만일 탑승권의 편명 또는 날짜가 다른 경우 즉시 객실사무장/캐빈매니저에게 보고하고 운송직원에게 인계한다.

상황 4

휠체어 승객의 보호자로 탑승할 경우

- 대처방법 : 휠체어 승객 및 보호자의 탑승권을 각각 확인한다.

상황 5

앞에 탑승한 일행이 탑승권을 갖고 있다고 말하는 경우

- 대처방법 : 해당 승객의 일행을 항공기 입구로 오게 하여 탑승권을 확인한다.

상황 6

여러 명으로 구성된 일행이 탑승시 그중 한 승객이 탑승권을 전부 제시할 경우

- 대처방법 : 개별적으로 탑승권의 숫자와 날짜, 편명 확인 후 승객을 탑승시킨다.

상황 7

탑승 승객의 좌석이 중복된 경우

- 대처방법 : 즉시 객실사무장 및 운송직원에게 연락한다.

06 ONEPASS 모바일 탑승권 이용절차

모바일 탑승권을 소지한 승객은 웹/모바일 체크인시 발급받은 모바일 탑승권을 이용하여 출발장으로 진입한다.

☑ 자동출입게이트로 입장 및 기내 탑승

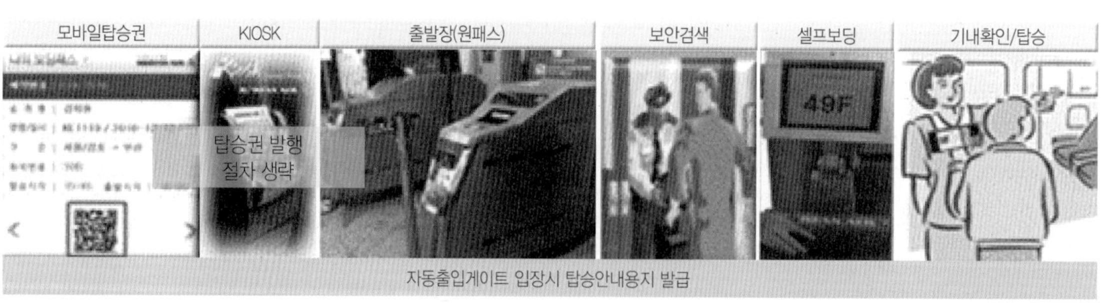

❶ 승객 탑승 및 탑승권 확인절차

- 모바일 탑승권 승객은 Boarding Gate 앞에서 보딩패스 판독기(BGR :

Boarding Gate Reader)에 모바일 탑승권을 인식한다.

- 지상직원은 해당 승객에게 항공기 입구에서 모바일 탑승권을 객실승무원에게 제시하도록 안내한다.
  - ☞ 객실승무원은 해당 승객 탑승시 모바일 탑승권상의 날짜 및 편명을 확인
  - ☞ 모바일기기 전원 off 등의 사유로 모바일 탑승권 확인 불가시 탑승안내용 지상 날짜 및 편명 확인으로 탑승권 확인절차를 대체한다.

② 승객소지용 모바일 탑승권

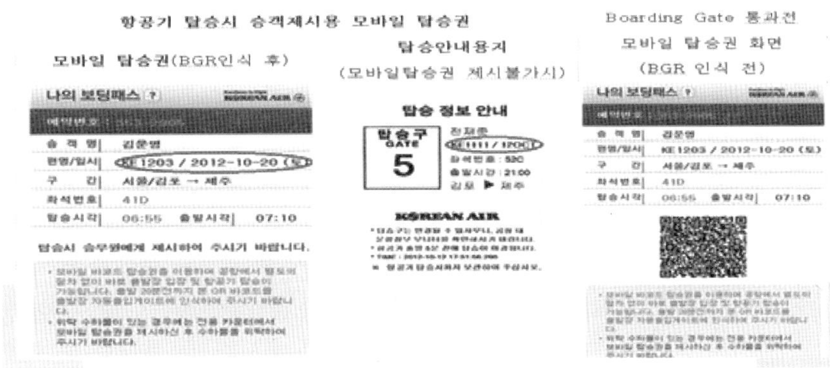
항공기 탑승시 승객제시용 모바일 탑승권

모바일 탑승권(BGR인식 후)

나의 보딩패스 ? KOREAN AIR

승 객 명	김운영
편명/일시	KE1203 / 2012-10-20 (토)
구 간	서울/김포 → 제주
좌석번호	41D
탑승시각	06:55 출발시각 07:10

탑승시 승무원에게 제시하여 주시기 바랍니다.

탑승안내용지 (모바일탑승권 제시불가시)

탑승 정보 안내

탑승구 GATE 5

출발시간 : 21:00

김포 ▶ 제주

KOREAN AIR

Boarding Gate 통과전 모바일 탑승권 화면 (BGR 인식 전)

나의 보딩패스 ? KOREAN AIR

승 객 명	김운영
편명/일시	KE1203 / 2012-10-20 (토)
구 간	서울/김포 → 제주
좌석번호	41D
탑승시각	06:55 출발시각 07:10

07 탑승권 확인 후 추가 점검사항

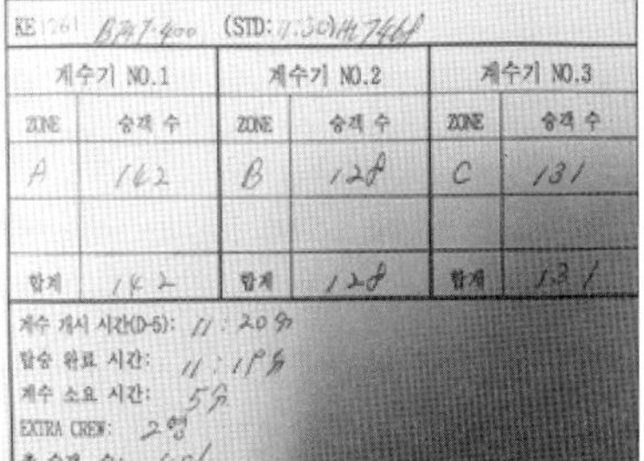
2014 년 0?월 27일

KE1261 B747-400 (STD: 7:30) HL7461					
계수기 NO.1		계수기 NO.2		계수기 NO.3	
ZONE	승객 수	ZONE	승객 수	ZONE	승객 수
A	162	B	128	C	131
합계	162	합계	128	합계	131

계수 개시 시간(D-5): 11:20分

탑승 완료 시간: 11:15分

계수 소요 시간: 5分

EXTRA CREW: 2명

총 승객 수: 401

Door Close 시간: 11:31분

Head Count 집계표

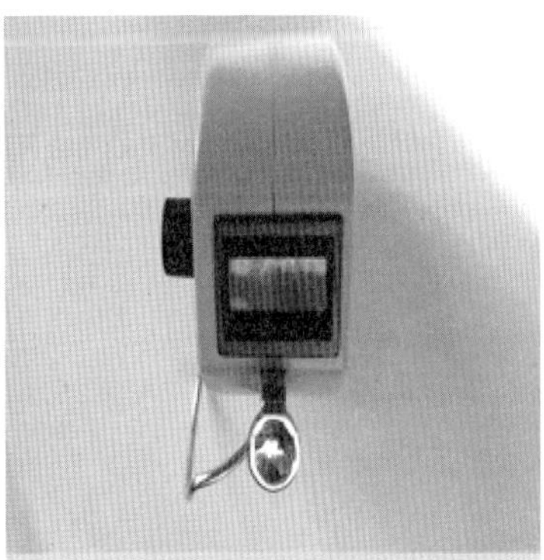
탑승객 숫자를 파악할 때 사용하는 헤드카운터-Head counter

국내 프리미엄 항공사인 KE 항공사에서는 좀 더 완벽한 승객 숫자 파악 위해 모든 승객 탑승 후 객실승무원이 승객의 숫자를 다시 점검하는 절차를 갖추고 있다. 상기의 표는 승객 Head Count 후 회사에 제출하는 근거서류이며 항공기 종류/편명/출발시간/각 클래스별 승객숫자/계수 개시시간/탑승완료시간/총 승객 수 및 도어 닫은 시간까지 기록하게 되어 있다.

만일 지상직원에 의해 작성된 승객명단과 Head Count 숫자가 상이할 경우 항공기는 출발하지 않으며 객실승무원에 의해 재카운트를 실시하여 확인된 후 출발한다.

또한 탑승을 거절할 수 있는 요건을 갖추고 있는 승객을 보고하여 운항승무원/지상직원과 함께 절차에 의거 탑승거절 조치해야 한다.

항공기에 탑승하는 승객

Chapter 03

좌석 안내하기

1. 좌석 안내하는 방법
2. 좌석 안내시 대화문
3. 일반석 좌석의 이해
4. 일반석 좌석 하단의 이해
5. 승무원용 좌석–Jump seat 이해
6. 좌석등받이 사용법(Seatback)
7. 독서등(Reading Light)
8. 발받침대(Foot Rest)
9. Meal Tray Table 사용법
10. 영화시청 및 음악청취 방법
11. ISPS의 이해(In Seat Power System)
12. 좌석벨트 사용법
13. 좌석분리(Seperated Seat, Seat Together) 승객응대
14. 좌석 중복배정(Seat Duplicated Seat) 승객응대
15. 무단 좌석점유 승객응대(Unruly Passenger)
16. 좌석 클래스 변경요청(Up Grade) 승객응대
17. 기내 위성전화 사용

Chapter 03

좌석 안내하기

수행 준거

- 객실 서비스 규정에 따라, 승객들에게 지정된 좌석 번호를 재확인할 수 있다.
- 객실 서비스 규정에 따라, 좌석 배열을 파악하고, 승객에게 정확한 좌석으로 안내할 수 있다.
- 객실 서비스 규정에 따라, 승객에게 좌석 설비 사용법을 안내할 수 있다.
- 객실 서비스 규정에 따라, 좌석 상태를 파악하여, 조치할 수 있다.

(인용출처 : NCS 홈페이지-항공객실서비스)

A380 2층 비즈니스 클래스

A380 일반석 모습

01 좌석 안내하는 방법

객실승무원은 담당구역의 승객이 탑승하면서 승무원의 도움을 필요로 할 때 신속히 응대할 수 있도록 앞, 뒤로 이동하면서 승객의 좌석을 안내하고 소지한 휴대수하물을 적합한 장소에 승객이 보관할 수 있도록 안내한다.

노약자, 환자, 어린이, 유아동반 승객은 승무원의 도움을 많이 필요로 하므로 SSR(SHR)을 참고하여 적극적으로 안내해야 한다.

저자의 경험에 비추어 보면 승객은 탑승시 승무원과 첫 조우 때 제일 많은 느낌을 받으며 비록 객실승무원이 해당 승객 자신을 도와주지 않아도 주위의 도움을 필요로 하는 다른 승객을 적절한 시점에 도와줄 때 도움을 받는 승객뿐만 아니라 주위의 승객도 승무원에게 매우 긍정적인 감정을 가지게 된다.

SSR(Special Service of Requirement)과 SHR(Special Handling Request)

- 용어는 다르지만 같은 의미이고 승객 탑승 전 객실승무원에게 해당편 비행기에 탑승할 예정인 객실승무원의 도움을 필요로 하는 승객, 즉 노약자, 비동반소아, 유아동반승객, 스페셜밀, VIP, CIP 등… 승객의 정보가 담겨있는 문서로 항공사별로 명칭을 다르게 쓴다.

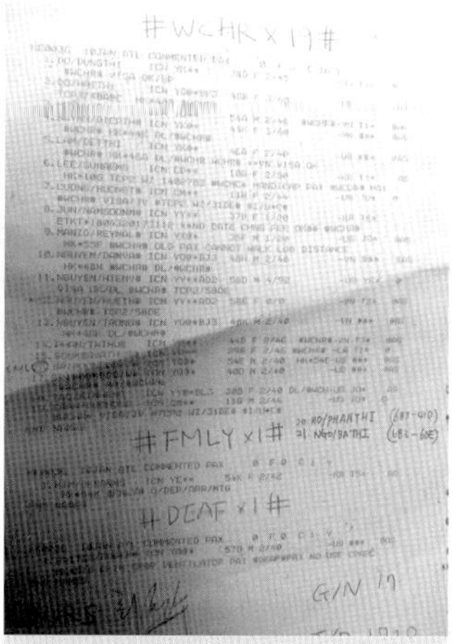

실제 SHR/SSR 모습

해당 문서는 개인정보가 담겨 있으므로 비행 후 즉시 파기함을 원칙으로 한다.

02 좌석 안내시 대화문

- 안녕하십니까? 반갑습니다.

- 탑승권을 보여 주시겠습니까?
- 좌석 안내해 드리겠습니다.
- 손님 좌석은 안쪽입니다. 안으로 들어 가십시오.
- 손님 좌석은 창측입니다. 이쪽으로 들어 가십시오.

오른쪽 방향은 오른손으로 왼쪽은 왼손으로 안내하며, 먼 곳은 손을 뻗으며, 가까운 곳은 조금만 내밀어 안내

TIP!
해당 기종의 좌석번호와 Aisle 위치를 숙지하여 좌석 방향을 안내합니다.

객실승무원은 승객의 탑승권을 주고받을 때 반드시 양손을 모아 공손하게 받아야 하고 탑승권 확인 후 되돌려 드릴 때는 역시 공손한 자세로 돌려 주어야 하며 친절한 미소와 친근한 언어를 사용하여 예의 바르게 행동하여야 한다.

담당구역을 중심으로 통로에서 대기하고 있던 승무원은 탑승하고 있는 승객에게 적극적으로 좌석안내를 하며 이때 승객 좌석에 기대어 서있거나 승객 좌석에 손을 얹는 등의 행동을 하지 말아야 한다.

탑승한 승객을 좌석까지 안내하면서 승객에게 응대하는 대화문과 설명해야 할 일반석 좌석의 형태와 안내목록, 승무원 좌석(jump seat)에 대한 설명은 다음과 같다.

좌석 안내시 대화문

안녕하십니까? 어서 오십시오.
반갑습니다. 어서 오십시오.
안녕하십니까? 좌석을 안내해 드리겠습니다.
좌석번호가 어떻게 되십니까? 즉시 안내해 드리겠습니다.
잠시만 기다려 주십시오. 바로 확인해 드리겠습니다.
손님 좌석은 안쪽입니다. 안으로 좀 더 들어가시기 바랍니다.
손님 좌석은 중앙입니다. 조금만 더 들어가시기 바랍니다.
손님 좌석은 창측입니다. 제일 안쪽 창가로 들어가시기 바랍니다.

(인용출처 : NCS 항공객실 서비스 학습모듈)

03 일반석 좌석의 이해

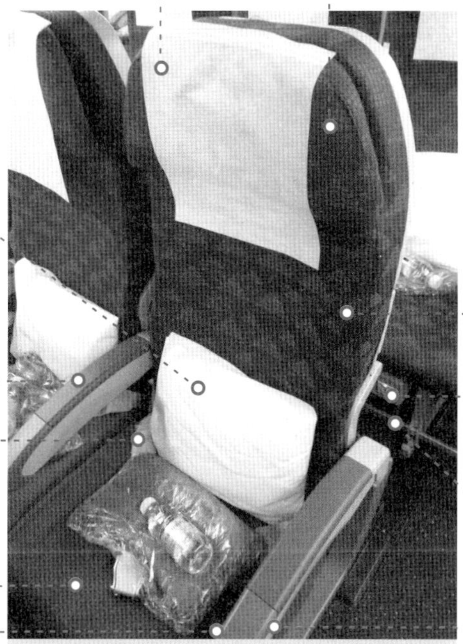

A330-200/300 항공기 일반석 좌석 도해도

04 일반석 좌석 하단의 이해

일반석 좌석 하단에는 승객의 구명복과 하단에 보관되어 있는 승객의 휴대수하물이 움직이지 않도록 고정하는 Restrain bar와 승객의 영화시청과 음악청취를 가능하게 하는 기계장치로 구성되어 있다.

05 승무원용 좌석-Jump seat 이해

기내에서 객실승무원이 비행기 이동 중/이륙/착륙 전/착륙 후 이동할 때 착석할 수 있는 좌석을 승무원용 좌석(Jump seat)이라고 한다. 승무원용 모든 좌석에는 핸드셋과 조명장치, 좌석하단에 승무원용 구명복/ 플래시 라이트/연장벨트(Extension belt)가 장착되어 있고 이/착륙시 승무원 신체를 고정해 줄 수 있는 좌석벨트로 구성되어 있으며 승무원용 좌석벨트는 4점식 벨트를 사용한다. 착석해 있던 승무원이 일어나면 자동적으로 접히게 되어 있다.

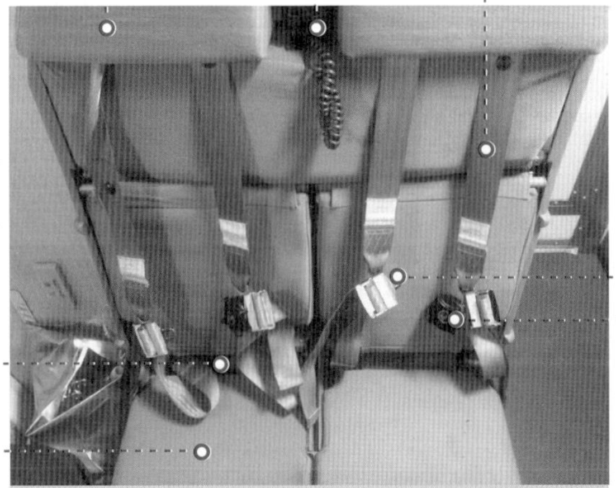

A330-200/300 항공기 승무원용 좌석 Jump Seat 도해도

A330-200/300 항공기 승무원용 좌석 하단 모습

06 좌석등받이 사용법(Seatback)

등받이를 뒤로 젖힐 수 있는 버튼 위치를 설명하고 눌러서 시연해 보이도록 한다. 승무원 호출버튼에 대한 설명은 좌석 옆에 설치된 호출버튼 위치를 알려 주고 눌러서 점등된 상태를 보여주며 승무원 호출이 끝났을 경우에 호출버튼을 끄는 방법까지 설명한다.

- 기내 현장에서는 좌석등받이를 뒤로 젖힐 수 있는 버튼을 리클라인 버튼(Recline button)이라고 부른다.

A330 좌석등받이

A320 좌석등받이 제낌-Recline 버튼

07 독서등(Reading Light)

독서등은 비행 중 승객이 책이나 서류작업을 할 때 머리 위에서 비춰주는 개인용 조명등이며 승객에게 독서등의 위치와 끄고 킬 수 있는 스위치의 위치를 안내해야 한다. 일반적으로 독서등을 끄고 킬 수 있는 개인 스위치는 광동체(Wide body) 항공기인 경우 좌석 옆, 협동체(Narrow body) 항공기인 경우 머리 위에 독서등 ON/OFF 스위치가 설치되어 있다.

A320 머리 위 독서등, Reading Light / B737 머리 위 독서등, 콜버튼, 스피커

08 발받침대(Foot Rest)

승무원의 안내를 받는 승객에게 발받침대의 사용법과 이착륙시 접어야 하는 이유를 설명한다.

발받침대는 상위클래스인 경우 전기식 버튼으로 작동시키고, 일반석인 경우 발이나 손을 사용하여 꺼내서 고정시킨다.

일반석의 발받침대
(Foot rest)

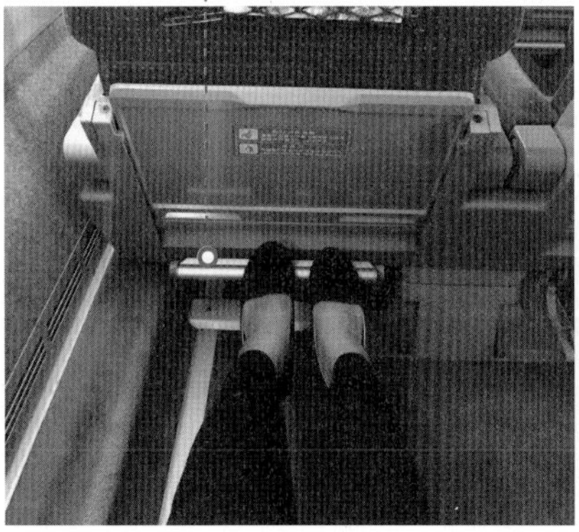

상위클래스의 발받침대

발받침대는 이착륙시와 비상탈출 시행시 승객의 발이 걸림으로 인해 상당한 위험을 초래할 수 있어 이착륙시 반드시 원위치로 해야 한다는 안전브리핑도 동시에 실시한다.

09 Meal Tray Table 사용법

승객 정면에 설치되어 있는 Tray를 펼쳐 시연하고 접는 방법에 대해 설명한다. Meal Tray Table은 오른쪽 그림 상단에 있는 걸쇠를 풀고 앞으로 당기면 좌측사진과 같이 펼쳐진다. 접을 때는 역순으로 접으며 Meal tray table 위에 컵을 놓는 곳과 이착륙시 승객의 안전을 위해 반드시 원위치로 접어야 함을 안내한다.

식사테이블과 음료수 놓는 곳. 식사테이블은 2단으로 접힌다.

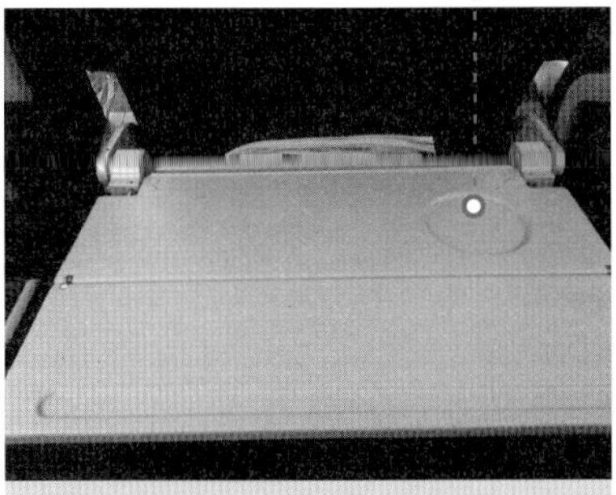

A330 Meal Tray Table 펼친 모습

식사 테이블 고정시키는 걸쇠

식사테이블 접었을 때 음료수를 놓을 수 있게 한 장치

A330 Meal Tray Table 접은 모습

10 영화시청 및 음악청취 방법

비행 중 승객이 가장 많이 이용하는 서비스라고 할 수 있으며 기내에서 시청/청취 가능한 영화와 음악을 고지하고 AVOD 사용법과 헤드폰 꽂는 위치를 설명한다.

헤드폰 꽂는 곳(Hole) 위치는 항공기 기종별로 다르나 일반적으로 좌석 팔걸이 옆이나 앞에 부착되어 있고 기내 이어폰 서비스 후 승객이 가장 많이 물어보는 항목 중 하나이기 때문에 승객 문의시 즉시 응답할 수 있도록 기내에 탑승하면 기내 점검과 동시에 해당 클래스 헤드폰 Hole의 위치를 반드시 파악하도록 해야 한다.

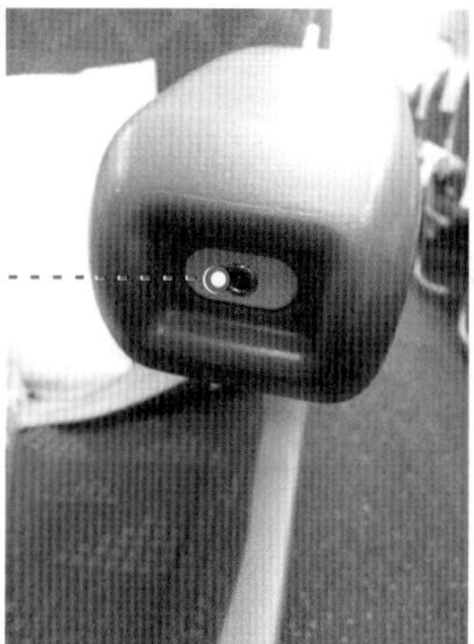

B777 헤드폰 꽂는 곳

B777 AVOD 시스템

11 ISPS의 이해(In Seat Power System)

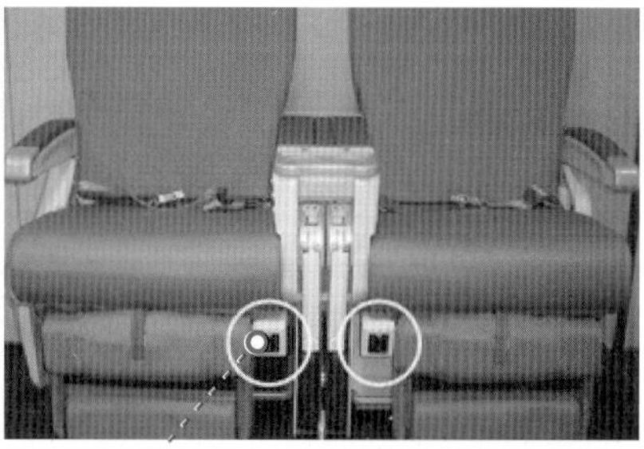

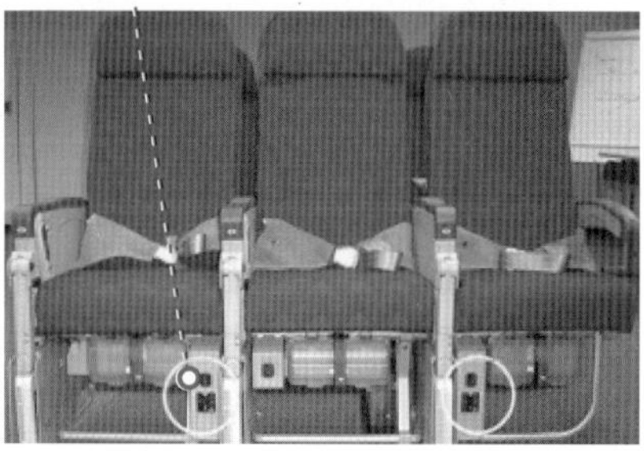

휴대용 전화기, 노트북 등의 충전을 위한 기내 설치물로 전원 공급 콘센트 위치를 알려주고 충전방법을 설명한다. 좌석 앞 등받이에도 USB 충전을 위한 장치가 설치되어 있지만 충전 속도가 좌석 하단의 ISPS에 비해 상당히 느리다. 좌석 밑에 설치된 ISPS를 이용하면 일반 가정집에서 사용하는 것처럼 신속한 충전효과를 느낄 수 있으며 일등석, 비즈니스 클래스는 개인당 한 개, 일반석은 좌석 한 열당 한 개 또는 두 개씩 장착되어 있으며 ISPS를 사용하여 충전할 경우 해당 좌석 옆 복도 측에 파란색 불이 들어와 담당 승무원은 승객이 좌석에서 ISPS를 이용하여 충전 중/ 전자기기 사용 중임을 알 수 있다.

12 좌석벨트 사용법

벨트 묶는 법, 푸는 법과 시점에 대해 설명하고 비행 중 항상 착용할 것을 안내한다. 좌석벨트는 신체 중 가장 단단한 골격인 골반 근처에 묶어야 하며 승객이 가장 많이 물어보는 사항 중 한 가지가 '좌석벨트를 제대로 묶었는데 자꾸 느슨해진다'라고 문의를 자주 하곤 한다.

그 이유는 자동차 운전석/조수석 안전벨트와 같은 원리이다. 자동차 운전석 안전벨트를 착용한 후 살며시 당겨보면 안전벨트가 느슨해진다. 하지만 충격을 받으면 순간적으로 강하게 고정되어 빠지지 않게 되는 원리이며 자동차 운전석/조수석 안전벨트는 항공기 좌석벨트에서 구조를 전수받아 제작된 것이다. 이와 같이 항공기 좌석벨트도 착용 후 배를 앞쪽으로 살살 밀면 풀리는 것처럼 느끼게 되는데 항공기 급정거/기체요동/이착륙 사고로 신체가 충격을 받을 경우 아주 강하게 고정되어 승객을 충격으로부터 안전하게 보호할 수 있는 것이다.

보통 항공기 좌석에 설치되어 있는 좌석벨트는 10~14G까지 견디도록 되어 있다.

풀 때는 윗덮개를 들어 올리면 자동적으로 풀어 진다.

이 고리를 큰 몸체에 밀어 넣으면 잠긴다.

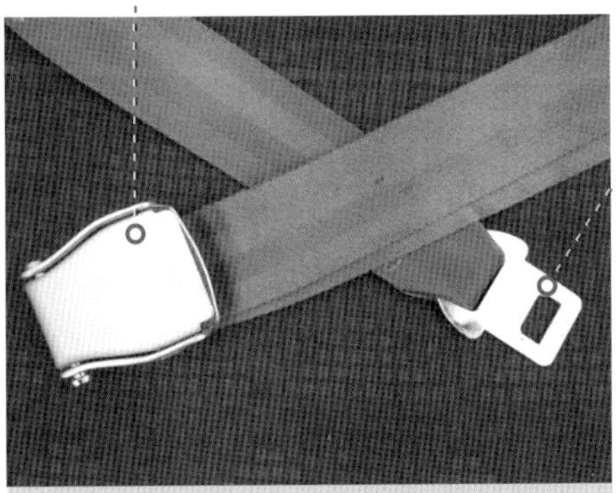

B777 항공기 좌석벨트

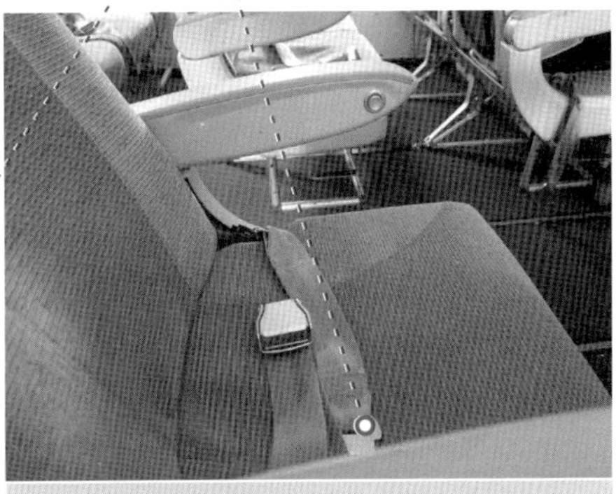

A320 항공기 좌석벨트

13 좌석분리(Seperated Seat, Seat Together) 승객응대

신혼부부, 단체승객, 가족승객 등 함께 착석하여 비행을 즐기려는 승객이 어쩔 수 없이 분리된 좌석을 배정받게 되어 기내에서 승무원에게 요청하는 경우 아래와 같이 응대한다.

- 지상직원에게 해당 승객의 성명, 좌석번호, 사유를 통보받은 후 정중히 사과하고 다른 승객의 양해를 얻어 좌석 재배정을 재시도할 예정임을 안내한다.
- 적절한 좌석을 탐색 후 승객의 양해를 구하고 협조의사를 확인 후 재배치하며 좌석교환을 허락한 승객에게 감사의 말씀과 함께 기내식, 간식, 음료 서비스시 먼저 선택할 수 있도록 조치하며 좌석 재배치 요구를 한 승객에게 기다려 주셔서 감사하다는 감사의 뜻을 표한다.
- 좌석 교환이 이루어지지 않았을 경우에 객실승무원의 적극적인 좌석 재배정 노력에도 불구하고 조치 불가한 상황임을 고지하고 기내 불만으로 이어지지 않도록 적극적인 관심을 표시한다.
- 착륙 전 흔쾌히 좌석 교환을 해준 승객에게 감사의 말을 전하여야 하며 좌석 재배치 요구를 했으나 기내 특성상 재배치가 안 되었을 경우 해당 승객의 인적사항을 지상직원에게 통보하여 입국절차 및 수화물 수취에 도움을 줄 수 있도록 한다.

좌석분리승객 응대절차

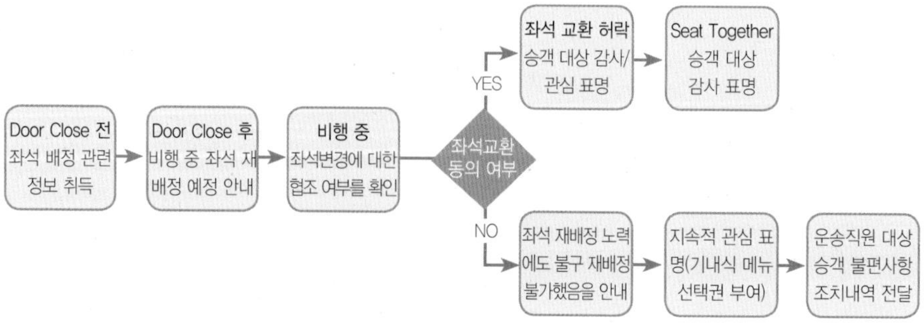

14 좌석 중복배정(Seat Duplicated Seat) 승객응대

- 승객의 탑승권에 적힌 날짜, 편명, 이름, 좌석번호를 확인하고 좌석 중복배정으로 확인되면 먼저 정중히 사과한다.
- 먼저 좌석을 점유한 승객은 착석을 권유하고 나중에 탑승한 승객은 Door Side나 승무원 좌석(Jump Seat)을 이용하여 대기하도록 하고 지상직원에게 좌석의 재배정을 요청한다.
- 당시 기내에 좌석의 여유가 있는 경우에는 중복배정된 승객 중 나중 탑승한 승객에게 원하는 좌석을 물어본 후 적절한 좌석을 안내한다.

☑ 좌석 중복배정승객 응대절차

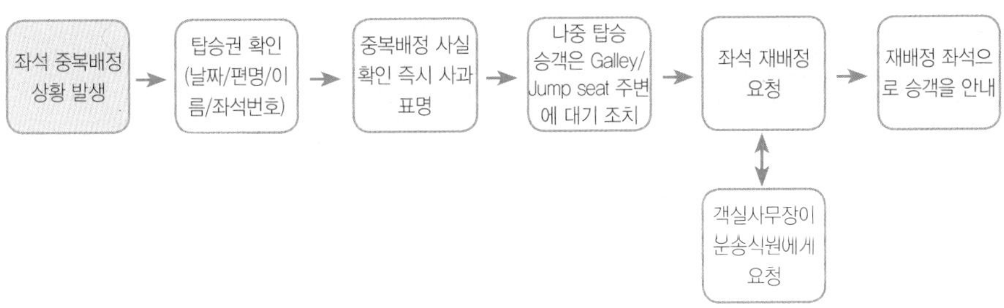

15 무단 좌석점유 승객응대(Unruly Passenger)

좌석의 무단점유는 일반적으로 일반석에 배정되어 있는 승객이 상위클래스 좌석에 착석하는 경우가 대부분이며, 무단으로 좌석을 점유한 것으로 판단되면 해당 승객의 탑승권과 SSR(SHR)을 재확인하여 무단좌석 점유를 확인한다.

- 해당 승객을 정중히 원래의 좌석으로 돌아갈 것을 안내한다.
- 해당 승객이 원래의 좌석으로 복귀를 거부할 경우 무단좌석 점유 사실을 다시 한 번 고지하고 몇 차례 더 원래 좌석으로 돌아갈 것을 권유한다.
- 해당 승객이 계속 거부시 기내 업무 방해규정을 적용하여 지상직원에게

국내항공사의 일등석 좌석

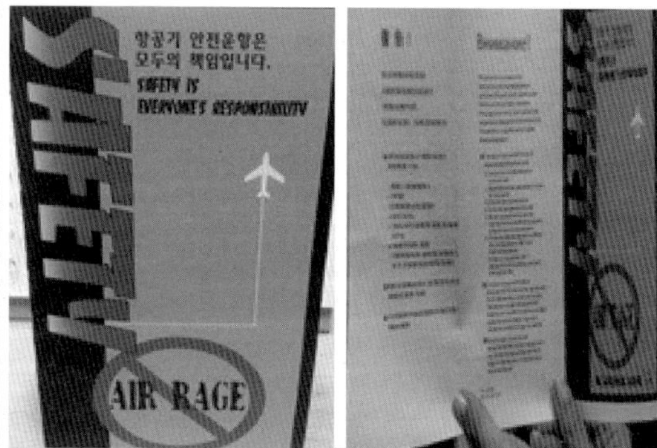

기내 업무방해 행위시 승객에게 제시하는 경고장

통보, 운송규정에 맞는 적절한 조치를 한다.

- 목적지에 도착 후 지상직원에게 해당 사실을 통보하고 추가조치를 취한다.

16 좌석 클래스 변경요청(Up Grade) 승객응대

- 항공기 출발 전이고 상위클래스에 좌석여유가 있을 경우 지상직원에게 고지하여 차액징수를 안내하도록 하며, 항공기 출발 후에는 어떠한 상황이라도 기내에서 좌석 클래스 변경요청이 불가하다는 것을 정중히 안내한다.
- 대부분의 승객이 예전의 사례를 들며(1980~1990년에는 일시적으로 기내에서 차액을 징수하고 상위클래스로 변경해 주었음) 비행 중 요금차액을 지불하겠다고 하며 Up Grade를 요청하나 국내 항공사의 정책은 항공기 출발 후/비행 중에는 기배정된 좌석 클래스 변경이 불가하다.

외국항공사의 비즈니스 클래스

17 기내 위성전화 사용

기내 위성전화는 항공기가 비행 중 통신위성 및 항공 기지국을 이용하여 항공기와 지상 간 음성을 송수신하는 시스템이다. 항공기 위성전화는 광동체 항공기(Wide body)의 중 · 장거리 노선 항공기에 장착되어 있고 이/착륙을 제외한 시간 동안 승객이 상시 이용할 수 있도록 제공하는 편리한 최첨단 서비스이나 전화 연결시 일반 휴대전화에 비해 시간이 다소 많이 걸리고(약 50초) 음성지연 및 울림현상이 발생하기도 한다.

특히 동시에 다수의 승객이 한꺼번에 사용할 경우 전화가 지연될 수 있는데 이는 항공기에 설치된 위성전화 회선수가 3~6개 정도이기 때문이다.

일반적으로 기내에서는 2~5명 정도의 승객이 동시에 사용할 수 있다.

기내 설치된 위성전화 특징

- 항공기 보안 및 승객 불편 등의 문제로 지상에서 항공기로의 발신은 엄격히 금지되어 있다.
- 기내 위성전화는 이륙/착륙시에는 사용이 제한된다.
- 항공기가 북극, 남극 등 극지방을 비행할 경우 일시적으로 통화가 제한되는 경우도 있다.

기내 설치된 위성전화 사용법

- 리모컨 뒷면의 녹색버튼을 눌러 전원을 킨다.
- 화면에 메뉴가 뜨면 'OK' 버튼을 누른다.
- 화면에 'SLIDE CARD'화면이 뜨면 신용카드를 오른쪽 홈에 통과시킨다.
- 잠시 후 'DIAL THE NUMBER' 문구가 나타나면 0+국가번호+지역번호(0 생략-지역번호가 02로 시작할땐 2만 누르면 된다)
- 화면에 'WAIT FOR SATCOM'이라는 표시가 나타나면 정상적으로 연결 중이고 전화가 연결되면 'LINE CONNECTED'라고 표시된다.
- 통화 후 전화기를 종료시킬 때는 붉은색 전화기 모양의 버튼을 누른다.

☑ 위성전화 요금 정산방식

❶ 통신 요금(항공사 별로 차이가 있을 수 있다.)

- 통화 시작~1분까지 ▶ $8.98 일괄 부과됨
- 1분 이후 통화요금 ▶ 6초당 $0.65 추가됨

  예) 1분 6초 통화시 : $9.63 부과됨
- 통화 연결까지 30~60초까지 소요되며 통화 전에는 요금 미부과됨

❷ 사용 가능 신용카드(항공사 별로 차이가 있을 수 있다.)

- VISA, MASTER, AMERICAN EXPRESS, DINERS, JCB, Debit card 사용 불가

❸ 사용시 주의사항

- "ON" 버튼을 누른 후 화면에 메뉴가 표시될 때까지 천천히 기다린다.
- 화면 지시에 따라 버튼을 천천히 작동한다.
- 사용 가능한 신용카드인지 확인 후 오른쪽 홀에 넣고 천천히 통과시킨다.
- 화면에 "Wait on Satcom"이 표시되면 정상적으로 연결 중이다.
- 전화가 정상적으로 걸리면 LINE CONNECTED라고 나타난다.
- 위성의 위치 또는 기상에 따라 연결이 안 될 수도 있으니 시간을 두고 재 시도한다.
- 비행 중 위성전화를 사용하던 승객이 자신의 신용카드 오류로 인해 객실승무원에게 신용카드를 빌려달라고 요청하는 경우가 발생하곤 한다. 탑승하신 승객의 편의와 기내서비스를 위해 빌려달라는 요청에 응할 수도 있지만 승무원 자신의 카드를 빌려주는 행위는 사후 불필요한 경제적 법적 문제가 발생할 수 있으므로 정중히 사양하는 것이 반드시 필요하다고 할 수 있다.(실제로 자신의 신용카드를 승객에게 빌려주고 받지 못했거나 상상이외의 비용이 청구되어 난감해 하는 객실승무원을 보곤했었다.)

항공기에 설치되는 위성전화 종류

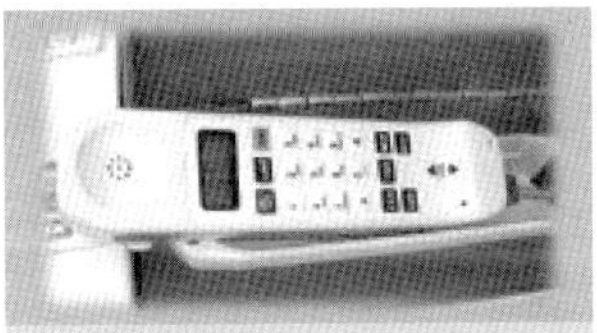
좌석용 전화기(핸드셋 겸용)

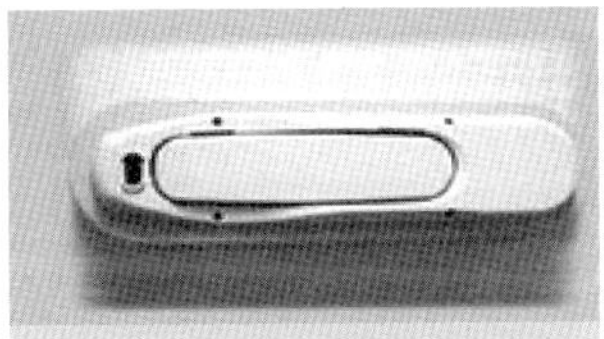
벽면용 전화기

항공기에 사용되는 각종 위성전화기 모습

대한항공 항공기에서는 위성전화로 AT&T, Panasonic, Sodietec사의 제품을 사용한다.

Chapter

04

수하물 정리 지원하기

1. 수하물 운송 규정

2. 수하물의 종류와 제한품목

3. 수하물 정리

Chapter 04

수하물 정리 지원하기

수행 준거

- 객실 서비스 규정에 따라, 좌석 주변의 공간을 파악하여, 승객에게 객실 선반의 위치를 안내할 수 있다.
- 객실 서비스 규정에 따라, 안전하게 선반을 작동할 수 있다.
- 객실 서비스 규정에 따라, 수하물의 특성별로 보관하도록 안내할 수 있다.
- 객실 서비스 규정에 따라, 수하물을 안전하게 다룰 수 있다.
- 객실 서비스 규정에 따라, 수하물의 보관 위치를 기억하여, 승객에게 다시 전달할 수 있다.

(인용출처 : NCS 홈페이지-항공객실서비스)

승객 탑승시 노약자 외국승객 수화물 정리해 주는 저자

01 수하물 운송 규정

① 승객의 수하물은 세관, 보안 검사 후 기내 휴대 가능품목(Carry on Baggage), 기내 휴대 제한품목(Restricted Item)으로 분류된다.

② 기내 휴대 수하물은 원칙적으로 기내에서 승객이 직접 관리하도록 해야하며 부득이 비행 중 객실승무원에게 보관을 위탁한 물품은 도착 전 승객에게 반환한다.

③ 기내 휴대 제한품목은 지상직원에 의해 분류되어 항공기 화물칸(Cargo Compartment)에 탑재되며 최종 목적지의 수하물 찾는 곳(Baggage Claim Area)에서 찾을 수 있다. 만일 승객이 탑승하지 않는 상태에서 위탁수하물(Checked Baggage)이 화물칸에 탑재되었다면 당연히 하기하는 것이 원칙이다.

④ 승객이 기내 탑승시 부피가 크거나 무거운 초과 휴대 수하물(Oversize Baggage)이 발견될 경우 출발담당 지상직원에게 고지하여 화물칸에 탑재될 수 있도록 조치한다.

공항 카운터에서 짐을 부친 후 받는 짐표-Baggage Claim Tag : 수하물이 분실되었을 때 증표로 제시하며 이름과 수하물 번호, 항공기 편명, 바코드가 기재되어 있다.

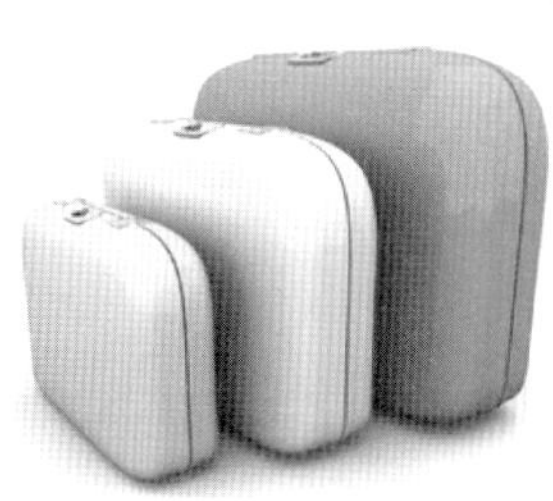

02 수하물의 종류와 제한품목

1. 무료 휴대 수하물(Carry on baggage)

승객이 자신의 책임하에 기내까지 직접 휴대하는 수하물을 말하여 Carry on baggage라고 한다. 무료 휴대 수하물은 승객의 좌석 밑이나 기내 선반에 올려놓을 수 있는 물품이어야 하며 비행 중 승객이 직접 보관, 관리하고 보관 중 파손이나 분실되었을 때 항공사의 책임은 없다.

독일 루프트한자 항공사의 기내 반입 수하물 규정

기내 반입 수하물

- 휴대 수하물로 반입 가능한 물품의 개수는 이용하는 항공편의 클래스에 따라 결정됩니다.

- 휴대 수하물 부피는 55 × 40 × 23cm이며, 접이식 의류가방은 57 × 54 ×15cm입니다.
- 루프트한자에서는 큰 휴대 수하물을 무료 수하물 허용량의 일부로 화물칸을 이용하여 운송합니다. 만약 개수, 부피, 무게 등 무료 수하물 허용량 초과시에는 초과 수하물 요금이 부과됩니다. 개인 서류, 의약품, 귀중품, 휴대폰, 랩탑 등은 휴대 수하물로 기내에 반입하여 이용해야 합니다.

에어 아시아 항공사의 기내 반입 수하물 규정

휴대 수하물

기내용 캐리어 1개 / 노트북 가방 1개 / 핸드백(남성용/여성용) 1개

각각의 승객은 기내용 캐리어 1개와 노트북 가방 1개 또는 핸드백 1개를 기내에 반입할 수 있습니다. 기내용 캐리어의 크기는 56 × 36 × 23cm를 초과할 수 없으며 무게는 7kg을 초과할 수 없습니다. 기내용 캐리어는 앞 좌석 아래 또는 머리 위 선반에 들어갈 수 있는 크기여야 합니다.

무료 휴대 수하물의 허용량은 항공사/클래스별로 약간의 차이가 있을 수 있으나 일반적으로 승객의 좌석 여유를 고려하여 기내 휴대 가능한 크기인 3면의 합이 115센티 정도 이내인 수하물로 제한되어 있다.

승객이 기내에서 휴대 수하물을 보관할 수 있는 장소는 선반(Overhead bin), 좌석하단(Under the Seat), Enclosed Coat Room(사방이 막힌 물품보관 코트룸)에만 보관이 가능하다.

승객 탑승 중 객실승무원에 의해 발견된 부피가 크거나 무거운 초과 휴대 수하물에 대한 조치는 아래와 같다.

B737 코트룸

A330 앞쪽 코트룸

A330 일반석 코트룸

Enclosed Coat Room-닫을 수 있는 장치가 설치된 코트룸을 말한다.

2. 기내 휴대 초과 수하물 처리

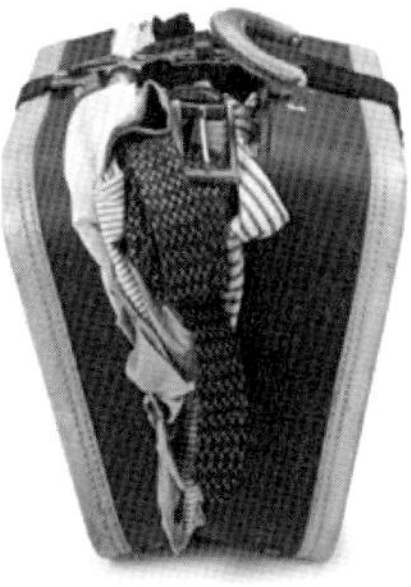

① 탑승 중 초과 수하물을 소지한 승객을 발견시 지상직원에게 고지하여 화물칸으로 이동될 수 있도록 하며 현금, 유가증권, 서류 등 중요한 물건은 본인이 직접 소지할 수 있도록 인내한다.

② 유리, 컴퓨터, 액자 등 깨지기 쉬운 물건은 승객에게 직접 서명을 받아 'Fragile Tag(깨지기 쉬운 물품)'를 붙여 운송하도록 하여야 한다.

③ 초과 수하물 처리시 반드시 해당 승객의 서명을 받아야 하며 서명된 서류는 지상직원과 해당 승객이 각각 1부씩 보관한다.

❹ 초과 휴대 수하물은 항공기 지연의 원인이 되기도 한다. 따라서 승객 탑승 전 지상직원과 원활한 의사소통을 하여 사전에 발견하여 조치될 수 있도록 해야 한다.

초과휴대 수하물 처리절차

초과 휴대 수하물 기내 반입 → 기내 반입 제지 → 위탁수하물로 탁송 예정임을 안내 → 현금 또는 유가 증권은 별도 휴대하도록 안내 → 운송직원에게 위탁수하물 인계

(운송직원에게 위탁수하물 인계) — 깨지기 쉬운 물건은 승객서명을 받은 후 Fragile Tag 부착

(기내 반입 제지) ↕ 기내 반입 가능 휴대 수하물 크기와 무게

클래스	개수	무게	규격
일등석 프레스티지석	2개	18kg	개당 55×40×20(cm) 또는 세변의 합이 115cm 이하
일반석	1개+추가 허용품목 1개	12kg	

일반석 추가허용 품목 : 노트북 컴퓨터, 서류가방, 핸드백 등 중 1개
미국 출발편/국내선 연결편은 전 클래스 수하물 1개 및 추가 허용품목 1개로 제한
인도 출발편은 탑승 클래스와 관계없이 1개의 휴대수하물과 노트북 컴퓨터만 가능

3. 기내 반입 가능품목

기내 가방 사이즈 : 23 × 40 × 55cm
(바퀴 및 손잡이도 사이즈에 포함됩니다)

Maximum 10kg

기내 가방 사이즈 :16 × 40 × 33cm
(바퀴 및 손잡이도 사이즈에 포함됩니다)

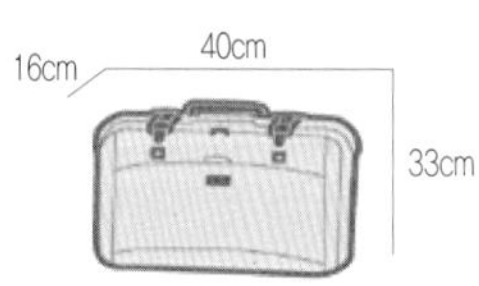

무료 휴대 수하물 이외에 기내 반입이 가능한 품목은 동절기 코트, 지팡이, 소형 악기, 카메라, 서류가방이며 적은 양의 화장품, 향수, 헤어 스프레이, 의약품, 휴대용 노트북 등은 반입이 허용된다.

☑ 기내 반입 가능품목

소형 가방

코트

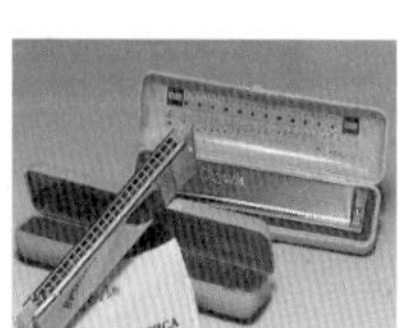
소형 악기

카메라

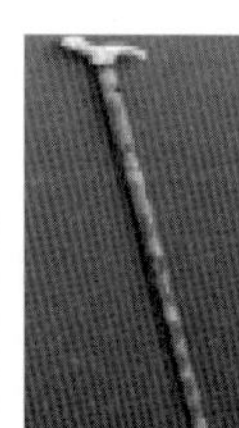
지팡이

향수

작은 스프레이

소형 의약품

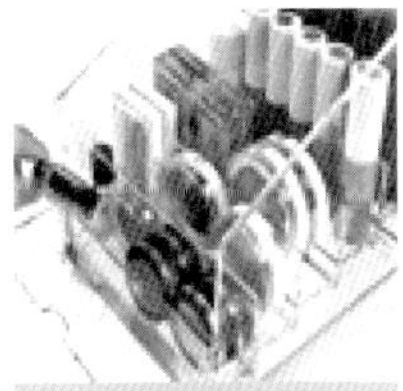
약간의 화장품

노트북

4. 위탁 수하물 탁송 제한품목

화물칸에 실리면 안 되는 물건으로 승객 개인이 직접 휴대해야 하는 물품을 말한다. 이러한 물품은 운송 도중 파손, 분실, 지연에 대해 항공사의 책임은 없다. 위탁 수하물 탁송 제한품목으로는 귀금속, 돈, 보석, 고가품, 도자기, 유리병 등 운송 중 깨질 수 있거나 부패성 물품 등이 해당된다.

귀금속

화폐

고가품

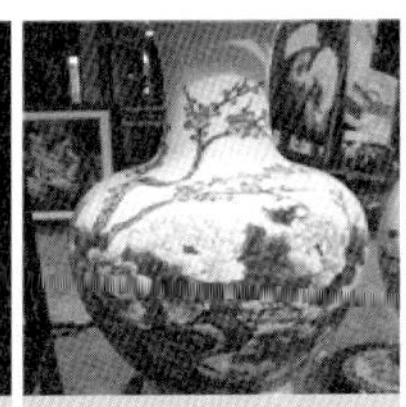
도자기

유리병

보석

5. 위탁 수하물로만 부칠 수 있는 품목(제한품목:SRI, Safety Restricted Item)

승객이 항공기에 탑승하기 위해 보안검색을 실시하는데 이 검색 중에 승객이 소지한 총, 칼, 가위, 톱, 골프채, 건전지 등 다른 승객에게 해를 끼칠 수 있고 항공기 안전, 보안에 위험을 줄 수 있는 물품으로 이러한 물품은 기내 반입이 금지되고 화물칸, 즉 위탁 수하물로 처리해야 한다. 승객 보안 검색시 발견되는 이러한 제한품목은 보안검색 직원에 의해 수거되고 화물칸으로 옮겨져서 탁송되며 최종 목적지 수하물 찾는 곳(Baggage Calim Area)에서 찾을 수 있다.

6. 항공기 운송 금지품목(화물칸/기내 모두 반입 금지품목)

승객과 항공기의 안전을 위해 아래와 같은 물품은 항공기로 운송 및 기내 반입이 절대 금지되어 있다.

- 페인트, 신나, 라이터용 휘발유 같은 발화성, 인화성이 높은 물질
- 산소통, 부탄가스통
- 화약, 최루가스 분사기, 탄약, 총기 등의 무기 및 폭발물류
- 독극물, 부식성 물질, 방사선 물질, 자기성 물질
- 그외 탑승객 및 항공기에 위해를 줄 수 있는 물질

방사선 물질

부식성 물질

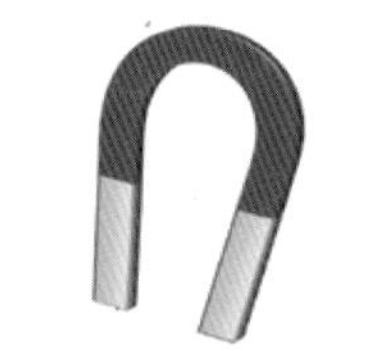
자기성 물질

페인트

산소통

독극물

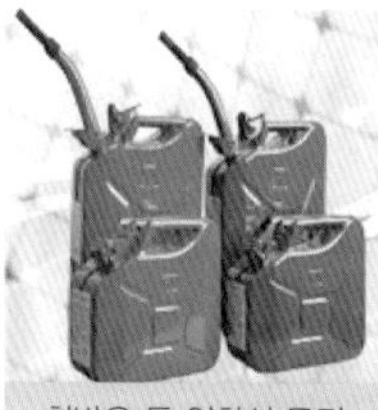
휘발유 등 인화성 물질

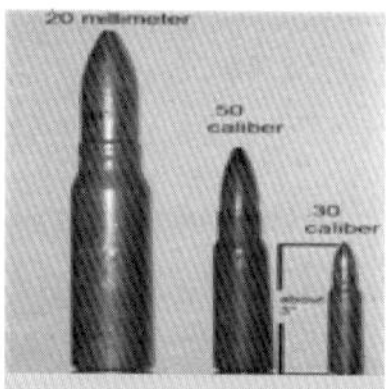

탄약

무기류

03 수하물 정리

승객이 기내에 반입한 휴대 수하물은 승객이 직접 운반 및 보관, 관리하는 것을 원칙으로 하며, 객실승무원은 승객이 휴대수하물을 적절히 운반, 보관, 관리할 수 있도록 안내해 주어야 한다.

하지만 장애인, 임신부, UM, 노약자, 유소아 동반승객에게는 소지한 휴대 수하물의 운반 및 보관절차에 적극적으로 도움을 제공해 줄 수 있으며 다음의 사항에 부합될 수 있도록 조치하여야 한다.

대한항공에서는 수년째 일반석에서 승객의 짐뿐만 아니라 의복도 승무원이 정리하지 않고 장소만 안내하는 제도를 시행하고 있는바, 처음에는 승객과 승무원 간 약간의 마찰과 혼란도 있었지만 정착되고 나니 승객의 수하물 보관 및 정리에 상당히 긍정적인 효과가 있다고 생각한다.

수하물 정리방법

승객의 과다 수하물은 항공기 이착륙시 비상사태가 발생하면 비상구나 기내 복도를 막아 승객의 신속한 항공기로부터의 탈출을 방해하는 제일 큰 요인이 될 수 있다. 따라서 비상구 주변이나 기내 복도에 승객의 짐이 방치되지 않도록 해야 하며 이러한 과다 수하물은 기체 요동시 승객과 승무원에게 위해를 줄 수 있는 요소로 작용할 수 있다. 따라서 다음과 같은 정리방법을 숙지하여 승객의

수하물을 보관할 수 있도록 한다.

① 기내 휴대 수하물은 문이 닫힐 수 있는 코트룸(Coat room)이나 오버헤드빈(Overhead bin), 그리고 좌석 하단(Under the seat)에 보관하도록 안내한다.

② 승객이 개인의 휴대 수하물을 복도나 비상구 근처에 보관한 것을 발견한 경우 적절한 장소을 안내하여 보관하도록 한다.

③ 비행 중 승객의 휴대 수하물을 다시 찾거나 보관하는 경우 승객 스스로 처리할 수 있도록 안내하나 장애인, 임신부, UM, 노약자, 유소아 동반승객이 요청할 경우 객실승무원은 적절한 도움을 제공해 줄 수 있다.

☑ 기내 휴대수하물 보관 가능장소

오버헤드빈

좌석하단

코트룸

팔걸이옆 보관소

Chapter

05

특수고객 지원하기

특수고객의 종류

Chapter 05

특수고객 지원하기

수행 준거

- 객실 서비스 규정에 따라, 특수고객 탑승 여부를 확인할 수 있다.
- 객실 서비스 규정에 따라, 특수고객의 특성에 따른 인사를 하고, 좌석 안내할 수 있다.
- 객실 서비스 규정에 따라, 특수고객에게 기내 설비 사용법을 안내할 수 있다.
- 객실 서비스 규정에 따라, 특수고객에 대한 여행 편의를 제공할 수 있다.

(인용출처 : NCS 홈페이지-항공객실서비스)

특수고객에는 운송제한승객(RPA-Restriced Passenser Advice), 비동반소아(UM-Unaccompanied Minor), 보행장애승객(Wheelchair passenger), 시각장애인(Blind passenger), 청각장애인(Deaf), 무비자통과승객(TWOV-Transit Without Visa), VIP, 스트레처승객(STCR-Stretcher passenger), 유아동반승객(BSCT-Bassinet seat passenger), GTR(공무로 여행하는 공무원, Goverment Transportation Request) 등이 포함되며 탑승시, 비행 중, 착륙 후 객실승무원의 세심한 도움과 협조를 필요로 하는 승객을 말한다.

특수고객의 종류

1. 성인비동반 소아승객 : 유엠(Unaccompained Minor, UM)승객

항공기 탑재되는 UM 안내책자 내용

항공기 탑재되는 UM 안내책자 표지

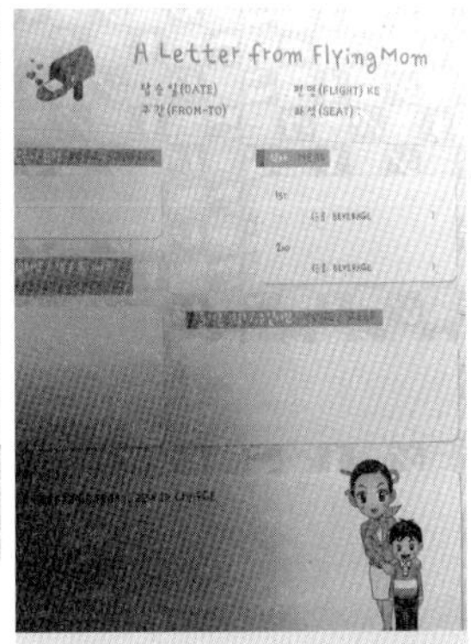

UM 보호자에게 제공되는 편지

보호자에게 편지를 작성할 때는 성의를 가지고 써야 한다.

성인동반 없이 여행하는 소아를 의미하며, 국내선은 만 5~만 13세 미만, 국제선은 만 5~만 12세 미만의 승객을 말하며 혼자 여행하는데 대한 불안한 마음을 가지고 있으므로 비행 중 담당승무원의 따뜻한 배려가 필요하다. UM 탑승시 객실사무장/캐빈매니저는 담당승무원을 사전지정해야 하고 담당승무원은 비동반소아에게 환영인사 및 개별적으로 기내 시설 및 안전브리핑을 해야 한다.

또한 담당 객실승무원은 좌석까지 안내, 화장실 사용법, AVOD 작동법, 좌석벨트 착용법, 비행 중 제공될 기내식에 대한 안내와 더불어 어린이 선물을 제공해야 하며 휴대 수하물 운반 및 보관, 입국서류 작성, 하기시 도움을 제공해 주어야 하고 도착 후 지상직원에게 인계하여야 한다. 하기시 비즈니스 클래스 승객 다음으로 일반석 승객에 우선하여 하기한다.

승객 탑승시

- 담당승무원 자기 소개 및 가까운 화장실 위치/사용법 안내
- 좌석 Recline 방법, Arm Rest 사용법, Call Button 위치/사용법 안내
- 좌석벨트 사용법 안내, 이착륙시 착용상태 확인

비행 중

- 적절한 호칭 사용(반말 사용 지양)
- 수시 불편 확인
- 내리기 전 도움 제공에 대한 안내 실시

하기시

- EY/CL 승객보다 먼저 하기 안내
- 소지품 확인 도움 필요시, 짐 Handling 도움
- 지상직원 인계

UM에게 제공되는 대한항공 기내 증정용품 소개

☑ 아시아나 항공사 어린이 선물

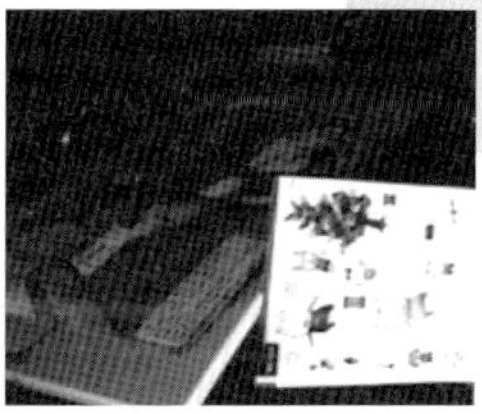

2. 유아동반 및 임산부(Pregnant Passenger)승객

비행 준비시

- 탑승객 명단 확인 후 가급적 육아 경험 있는 승무원 배정

승객 탑승시

- 환영 인사와 함께 수하물 보관 적극 협조
- 필요한 물품 문의 및 좌석 Recline 방법, Arm rest 사용법, Call Button 위치/사용법, 기저귀 교환장소 안내

비행 중

- 필요 아이템 서비스/수시 불편 확인 서비스
- 주변 승객 불편 수시 확인, 필요시 Ear-Plug 제공

하기시

- 비행 중 불편사항 확인, 소지품 및 짐 Handling 도움 제공
- 주변 승객에게 감사 말씀 전함

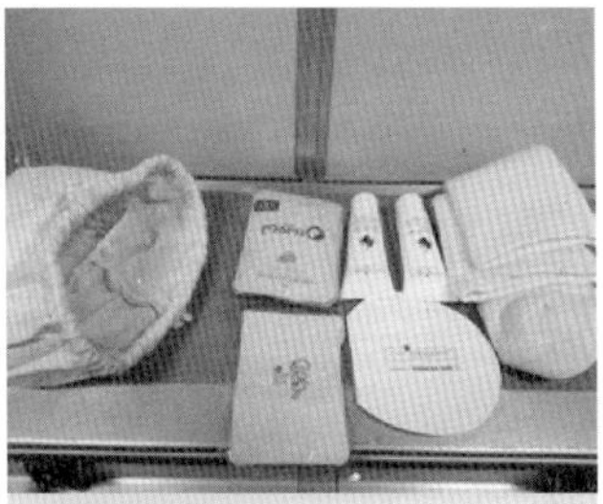

대한항공에서 제공되는 임산부 KIT 내용물

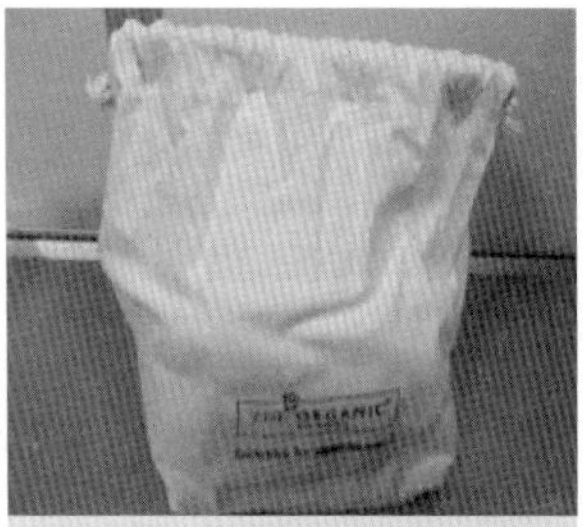

임산부용 KIT 파우치

탑승일자를 기준으로 하여 32주 미만 임산부는 일반 승객과 동일하게 간주되나 32주 이상되는 임산부는 건강진단서 및 서약서를 작성/제출하여야 한다. 항공사별로 차이가 있으나 임산부에게 필요한 용품을 제공하는 항공사가 많아지는 추세이며 사진은 국내 대형항공사에서 임신부 승객에게 제공하는 임신부용 Kit이다. 항공사에서 유아는 국제선인 경우 생후 14일부터 2살 미만, 국내선인 경우 생후 7일부터 2살 미만이다. 이러한 유아동반승객에게는 비행 중 불편한 점이 없는지 수시로 관심을 가져야 하며, 수유나 유아식 제공시 협조해야 하고 입국서류 작성 및 수하물 정리를 도와야 한다.

3. 노약자(Old and Week Passenger)승객

노약자 및 도움을 필요로 하는 승객이 착용하는 목걸이

노약자를 표시해 주는 목걸이

노약자인 경우 일반승객 대비 먼저 탑승하며 적극적으로 도와드려야 한다.

베트남/인천구간 비행 노약자 안내하는 저자

노약자승객은 탑승시 좌석을 안내하고 도움이 필요한 경우 짐을 들어주며 기내 비디오 사용법, 좌석벨트 착용방법, 근접한 화장실 위치 및 사용방법, 좌석 Recline하는 방법, 승무원 호출버튼 사용방법 등 승객이 필요한 기내시설의 사용법을 설명하며 비행 중에는 수시로 불편한 점이 없는지 자주 확인해야 한다. 도착 전 입국서류를 작성해주고 하기시 도움이 필요한 경우 짐을 들어준다. 대

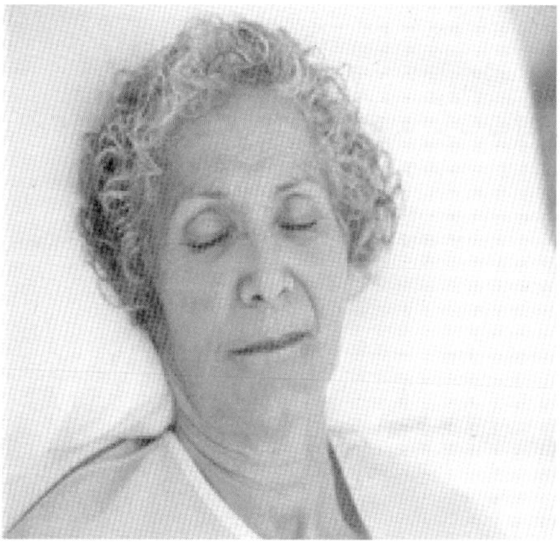

한항공에서는 패밀리 케어(Family Care) 서비스를 실시하며, 해당되는 승객은 아래와 같다.

- 보호자 없이 여행하는 만 70세 이상 승객
- 7세 미만 유, 소아 2명 이상을 동반한 승객
- 다른 항공사로 환승하는 승객 중 언어소통에 어려움이 있는 승객

승객 탑승 시

- 좌석 안내, 필요시 짐 Handling 도움 제공
- 담당승무원 소개, 가까운 화장실 위치와 사용법 안내
- 좌석벨트 사용법 안내, 이착륙시 착용상태 확인
- Special Request 확인/좌석 Recline 방법/Armrest 사용법, Call Button 위치/사용법, 기타 승객 필요 장비 사용법 안내

비행 중

- 수시 불편 확인
- 착륙 전, Family Care SVC 인식표 패용 여부 확인

하기 시

- 하기시, 탑승구 대기 지상직원 인솔하 이동 안내
- 도움 필요시, 짐 Handling 도움 제공
- 지상직원 인계(객실사무장)

4. 장애인승객(Disabled Passenger)

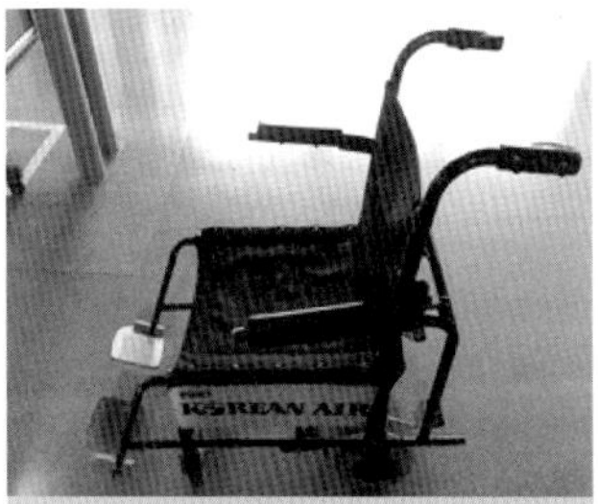
장애인용 지상 휠체어 : 탑승 및 하기시 사용한다.

기내 비치되어 있는 휠체어

장애인승객을 응대할 때는 일반승객과 동일한 편의 및 비행정보를 제공하면 되며 다른 승객이 인지할 정도의 지나친 배려는 삼가야 한다. 장애인승객에게 개별 브리핑을 실시할 경우 승객의 불편사항을 감안하여 배려 깊게 실시해야 하며 실시한 후 재확인 위해 되묻지 않도록 한다.

특히 시각장애인에게 '안보이나요?'라고 짜증스럽고/의아하게 묻는 행위와 청각장애인에게 '귀에 대고 속삭이는 듯한' 행위, 보행이 불편한 승객을 '둘러업거나 앞에서 끄는 행위' 등은 장애인의 인간적 권리와 존엄을 훼손하는 행위이므로 절대 하지 않아야 한다.

승객 탑승시

- 좌석 안내 및 필요시 짐 Handling 도움
- 승객이 원하는 부축 방법을 여쭙고 보행시 도움 제공
- 담당승무원 소개, 필요시 의복 착의/탈의 도움 제공
- 좌석벨트 사용법 안내, 이착륙시 착용상태 확인

비행 중

- 수시 불편 확인
- 화장실 이동시, On board wheelchair 사용 도움 제공
- 착륙 후, 승무원 안내가 있을 때까지 자리 대기 안내

하기 시

- 도움 필요 여부를 Wheelchair 승객에게 문의, Wheelchair 밀어줌
- 도움 필요시, 짐 Handling 도움 제공

미국행 비행기 장애인 차별금지 조항

탑승 전

- 안전운항에 직접적인 위협을 주지 않는 한 승객 탑승을 거절할 수 없다.
- 안전한 여행이 의심스러운 경우 기장이나 운송직원과 협의한다.
- 장애인 승객 탑승시 운송직원으로부터 승객 정보를 최대한 확보한다.

탑승시

- 가급적 승객 본인에게 말을 건네며 어떤 도움이 필요한지를 파악한다.
- 승객이 요청하지 않은 사항을 자의적으로 판단하여 제공하지 않는다.
- 좌석 안내 등 도움을 제공하지만 업거나 들어 옮기지 않는다.

이륙 전

- 전달받을 수 없는 안전관련 사항에 대해 개별 Briefing을 실시한다.
- 개별 Briefing시 주위 시선을 끌지 않도록 하며 이해 여부를 묻지 않는다.
- 가까운 비상구 및 탈출을 시작하는 시점에 대한 안내를 실시한다.

하기시

- 장애인승객이 차별관련 불만을 제기할 경우 공항에 배치되어 있는 운송직원에게 인계한다.

❶ 청각장애승객(Deaf Passenger)

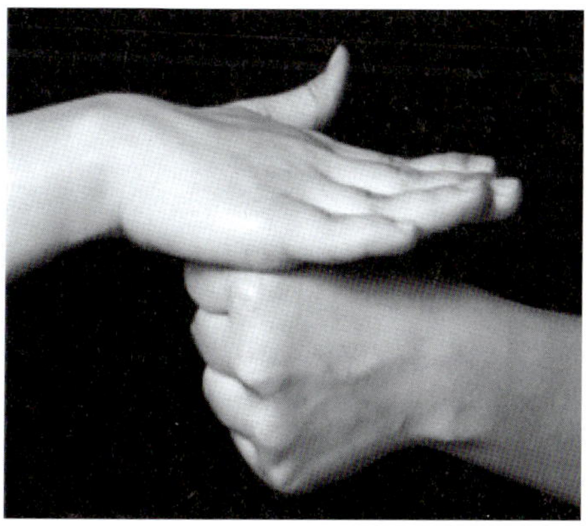

탑승시 좌석을 안내하고 도움이 필요한 경우 짐을 들어주며 대화시 목소리를 너무 크게 하지 않고 입모양을 정확히 하여 시각적으로 인식할 수 있게 도와준다. 승객과 얼굴을 너무 가까이 하지 않으며 기내 방송은 글을 쓰거나 수화를 하여 알게 한다. 또한 기내 비디오 사용법, 좌석벨트 착용방법, 근접한 화장실 위치 및 사용방법, 좌석 Recline하는 방법, 승무원 호출버튼 사용방법 등 승객이 필요한 기내시설의 사용법을 그림이나 화면, 수화 또는 입모양으로 설명하며 비행 중에는 수시로 불편한 점이 없는지 자주 확인해야 한다.

❷ 시각장애승객(Blind Passenger)

탑승시 좌석을 안내하고 도움이 필요한 경우 짐을 들어주며 안내할 경우 승무원의 팔을 시각장애승객이 잡도록 하고 승무원의 뒤편에서 승객이 걷도록 해야 한다. 신체를 접촉할 경우 승객의 머리를 절대 만지지 않아야 하며 승객의 휴대 수하물을 보관한 경우 승무원의 이름을 알려 주어 재확인하도록 하여야 한다. 또한 기내 비디오 사용법, 좌석벨트 착용방법, 근접한 화장실 위치 및 사용방법, 좌석 Recline하는 방법, 승무원 호출버튼 사용방법 등 승객이 필요한 기내시설의 사용법을 대화로 설명하며, 비행 중에는 수시로 불편한 점이 없는지 자주 확인해야 한다. 목적지 도착 후 하기시 비동반 시각장애인은 지상직원에게 인계하여야 한다.

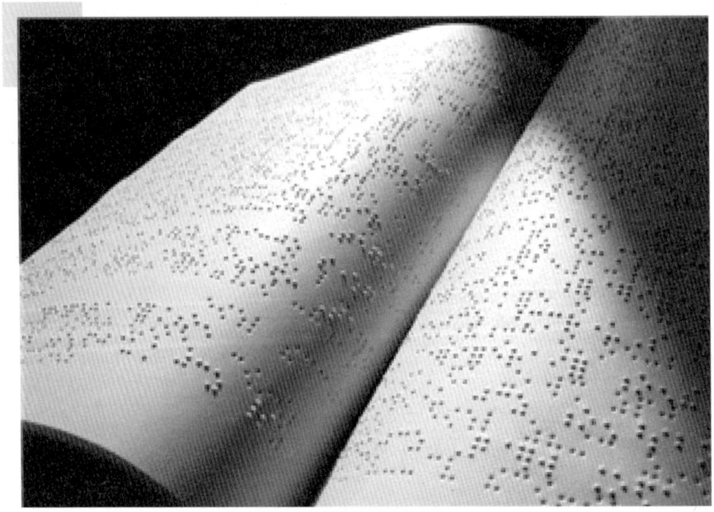

5. 환자(Patient)승객

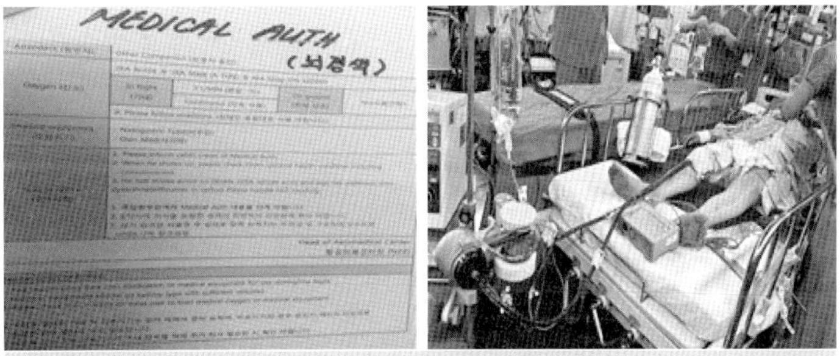

Medical Information Form

탑승시 우선 탑승할 수 있도록 하며 항공기 탑승에서 비행/ 하기시까지 담당승무원의 세심한 관심과 관찰이 필요하다. 항공사가 판단하여 건강상 신체적 상태가 항공여행에 적합하지 않고 감염성 징후가 있거나 기내에서 환자의 상태가 악화될 수 있다고 판단되면 의사가 서명한 '병약승객 항공운송신청서(Medical Information Form)나 서약서 작성을 요청할 수 있다.

특히 응급을 요하는 환자는 하기시 제일 먼저 하기할 수 있으며 휠체어, 의료지원 및 입국가능 여부를 사전확인하여야 한다. 일반적으로 기내에는 일반승객의 약품을 보관해 주지 않는 규정이 있으나 당뇨병 환자를 위해 특별히 제작된 펜타입(Pen Type) 인슐린은 객실승무원에게 의뢰하여 기내 냉장고에 보관가능하다.

6. TWOV(무비자통과승객) 승객-Transit Without Visa

중간 기착지 국가의 입국비자가 없는 통과승객을 말하며, TWOV 승객의 운송을 허용한 항공사는 제3국으로 출빌시까지 해당 승객에 대한 책임을 진다. TWOV 승객의 입국에 필요한 여권과 서류는 해당편 객실 사무장/캐빈 매니저가 소지하고

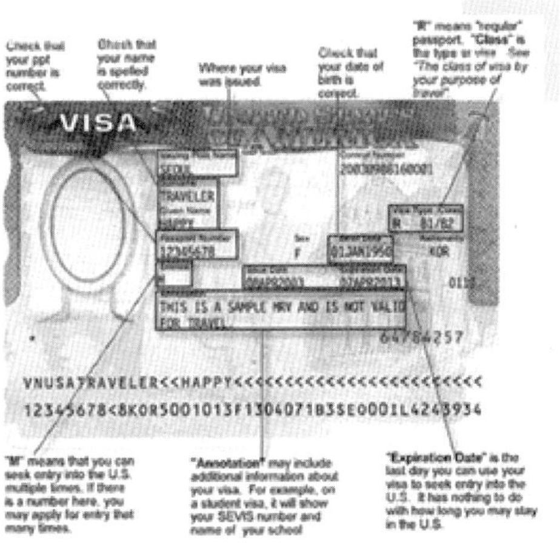

있다가 목적지에 도착하면 지상직원에게 인계한다.

비행 중 많이 발생하는 사례인데 TWOV 승객이 중간 기착지 입국서류를 작성하기 위해 승무원에게 객실사무장/캐빈매니저가 보관 중인 여권 및 여행서류를 요청하는 경우에도 승무원이 보관 중인 여행서류를 참고해 대신 작성해 주고 여권과 여행설류 일체를 승객에게 되돌려 주지 않아야 한다.

7. VIP, CIP(Very Important Person / Commercially Important Person)승객

항공사에서 사용하는 VIP, CIP 직급

모든 승무원은 객실브리핑시 객실사무장/캐빈매니저가 제공한 담당구역의 VIP, CIP의 정보를 확인하여야 하며 직급에 맞는 정확한 호칭을 사용하여야 하고 다른 승객이 소외감을 느끼거나 거부감을 표시할 정도로 눈에 띄는 서비스를 제공하지 않도록 유의해야 한다. 비행 중 관심을 표시하며 하기시 일반승객보다 먼저 하기하도록 한다.

항공사에서 사용하는 VIP, CIP 직급 설명

구분	의미
A3	• 전 · 현직 3부 요인 • 주요 매체 회장, 사장단(조선, 중앙, 동아, 한국, 매경, 연합뉴스, KBS, MBC, SBS, YTN) • 경제 5단체장(전경련, 대한상의, 무역협회, 중기중앙회, 경총)
A2	• 국회의원 및 장 · 차관급 이상(전직 장관은 퇴임 후 1년까지 A2 서비스 제공) • 재계 30대 그룹 중 비오너 그룹, 당사 유관 공사, 30대 기업 사장 • 시중은행장 • 조선, 중앙, 동아, KBS, MBC, SBS 편집 국장 및 보도 국장 • 기타 언론매체 사장단 • 시중 은행장, 전경련 이사진 • 한진 계열 사외 이사 • 항공교통심의위원 • 주요 국립, 사립 대학교 총장 • 당사 및 SkyTeam 회원사 탑승실적이 200만 마일 이상의 우수회원

A1	• 주요 정부부처 팀장급 이상 및 건교부 주요 실무자 • 주요 매체(조선, 중앙, 동아, 연합뉴스) 사회/경제/산업 부장 및 기타 일간지 편집 국장 • 100대 기업 사장 • 종교계 인사 • A3, A2 인사 배우자 • 지방 유력인사

일반적인 승객 하기 순서는 다음과 같다.

1. 응급환자
2. VIP, CIP
3. 일등석 승객
4. 비즈니스 클래스 승객
5. UM, FAMILY CARE(노약자, 아이동반승객)
6. 일반석 승객
7. 제한승객(휠체어 등)
8. 스트레처(Stretcher)환자승객

Chapter

06

탑승환영 **안내방송** 하기

1. 기내방송용 인터폰 시스템
   기종별 방송용 인터폰 및 사용법
2. 기내방송 녹음장치-PRAM 구조별 이해하기
3. 기내방송 원칙
4. 기내방송 담당승무원의 책임
5. 한국어 /외국어 방송 연습

Chapter 06

탑승환영 **안내방송** 하기

수행 준거

- 객실 서비스 규정에 따라 방송에 필요한 정보를 파악할 수 있다.
- 객실 서비스 규정에 따라 탑승환영 안내방송에 필요한 언어를 구사할 수 있다.
- 객실 서비스 규정에 따라 탑승환영 안내방송에 필요한 표준어 사용을 할 수 있어야 한다.

(인용출처 : NCS 홈페이지-항공객실서비스)

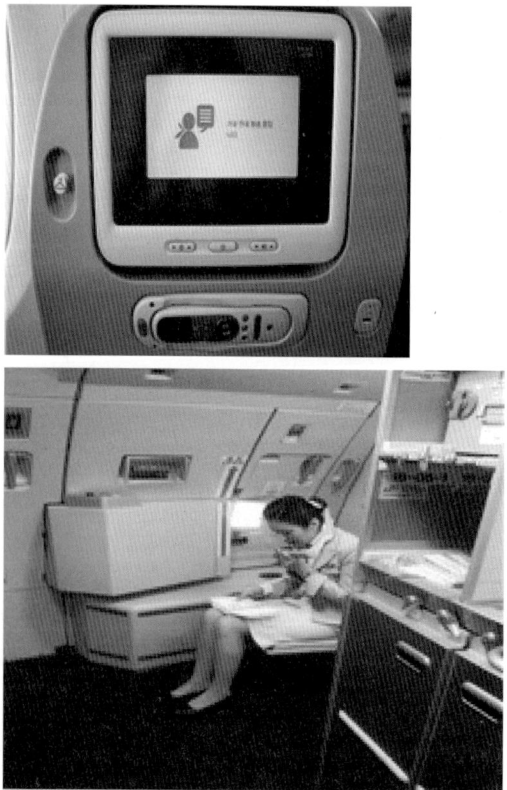

A330 항공기 승객 탑승 후 기내방송하는 승무원

항공기 승객 탑승 완료 후 ➡ Door를 닫은 다음 ➡ Safety Check 직후 ➡ 실시하며 모든 객실승무원은 담당구역 전방에 위치하여 방송의 첫 문구에 맞추어 승객을 향해 인사한다.

탑승환영 방송문에는 기장의 이름과 비행시간, 출발지, 목적지가 포함되어 방송되며 합동브리핑시 기장으로부터 정보를 얻는다.

또한 목적지 지역의 특성상 현지승무원이 탑승한 경우 현지승무원이 방송을 담당하나 현지승무원이 탑승하지 않았을 경우 제3외국어(일본어, 중국어, 러시아어, 태국어, 불어, 독어, 스페인어) 방송은 PRAM(Pre-Recorded Announcement Module) 시설이나 지상에서 현지어를 녹음하여 기내에 탑재된 카세트 테이프를 사용하여 방송한다.

01 기내 방송용 인터폰 시스템

1. 기내방송(PA-Public Address) 우선순위

일반적으로 모든 항공사의 기내방송은 우선순위(Priority)가 지정되어 있다. 기내방송의 우선순위는 조종실 방송 PA ⇒ 객실방송 PA ⇒ PRE RECODED ANNOUNCEMENT PA ⇒ VIDEO SYSTEM PA → 보딩뮤직 순으로 되어 있으며 우선순위의 의미는 하위 순위에서 기내방송을 하고 있더라도 상위순위에서 기내방송을 실시하면 하위순위의 방송을 자동적으로 중지되고 상위순위의 방송이 실시되게 된다.

즉 객실에서 방송을 통해 승객에게 안내를 하던 중이라도 조종실에서 방송을 실시하면 자동적으로 객실방송은 중지되고 조종실에서 실시하는 방송이 실시되게 된다.

사진으로 이해하는 기내방송 우선순위

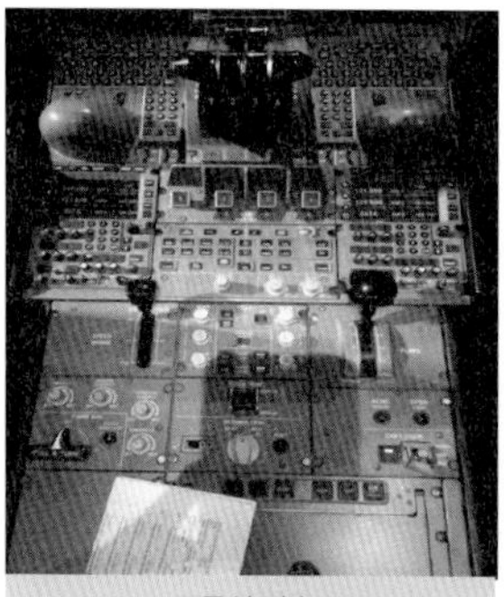

1. 조종실 방송 PA

2. 객실방송 PA

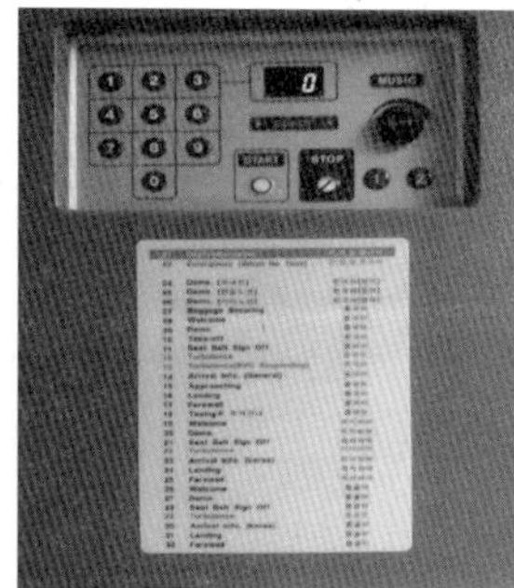

3. PRE RECODED ANNOUNCEMENT PA

4. VIDEO SYSTEM PA

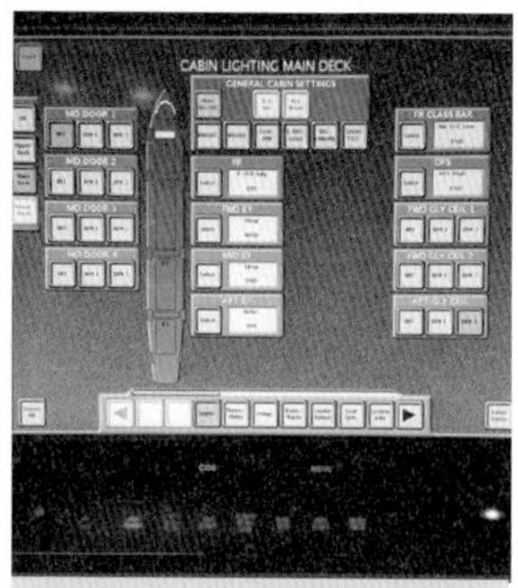

5. 보딩뮤직

2. 기종별 방송용 인터폰 및 사용법

❶ B737 기종 방송용 핸드셋(Handset)

상대방의 음성을 듣는 수화기

숫자버튼

송화기

PTT버튼 : Push To Talk. 누르고 통화나 방송을 실시한다.

항공기에 설치되어 있는 핸드셋(Handset)은 기내에서 객실승무원 상호간에 의사소통과 승객에게 안내방송을 가능하게 해주는 시스템이며 조종실 및 모든 객실승무원의 Jump seat 근처에 설치되어 있다.

B737 기종 핸드셋(Handset) 사용법

- 기내방송 시:8번을 누른다.(사진에는 방송을 너무 많이 사용하여 8번이 지워짐)
- 8번을 누르면 핸드셋(Handset)은 기내방송을 인식 하므로 PTT 버튼을 누르고 안내방송을 실시한다.
- 기내방송 사용 후: 방송이 끝나면 Reset 버튼을 누른다.
- 5번은 객실승무원끼리 통화를 할 때 사용하며 2번은 조종실과 통화를 원할 때 눌러 사용한다.

*PTT 버튼 : Push To Talk의 약자이며 말하거나 기내방송 시 눌러서 사용한다.

② AIR BUS 330-200/300 기종 방송용 핸드셋(Handset)

A330-200/300 핸드셋(Handset) 및 기내방송장치 내/외부

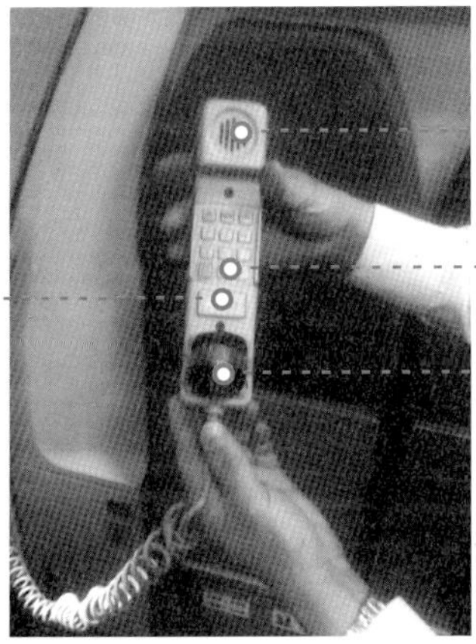

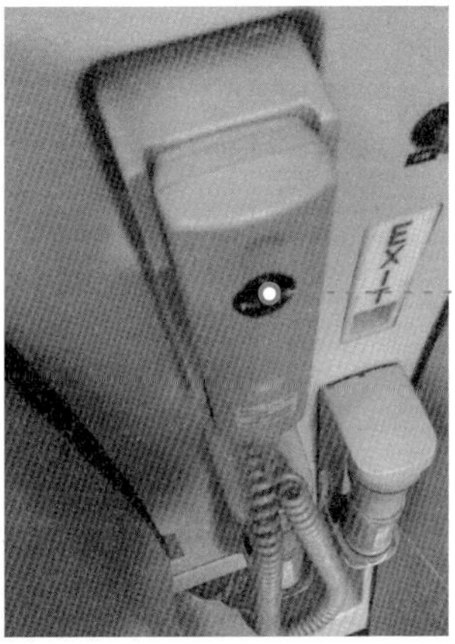

A330-200/300 기종 기내방송 시 핸드셋(Handset) 사용법

- 기내 승무원 좌석 옆에 장착된 핸드셋을 꺼내든다.
- 다른 버튼을 누를 필요 없이 사진의 직사각형 PPT 버튼을 누르고 기내

방송을 실시한다.

- 방송 완료 후 정 위치에 넣는다.
- 핸드셋(Handset)을 홀더에서 뽑을 때 떨어뜨리는 경우가 많이 발생하니 천천히 작동 시킨다.
- PA로 사용 시 마이크 센서가 상당히 민감하니 적당거리를 두고 기내방송을 실시 한다.

*PTT 버튼 : Push To Talk의 약자 Airbus사에서 제작된 모든 항공기는 보잉사 항공기와 달리 기내방송 시 PTT 버튼을 눌러서 사용하고 승무원간 또는 조종실과 통화할 때 PTT 버튼을 누르지 않는다.(저자도 에어버스 항공기에서 다른 승무원과 통화 시 PTT 버튼을 눌러 통화내용이 객실로 나가 승객에게 전달된 경험이 있다)

③ B777-200/300 기종 방송용 핸드셋(Handset)

B777 기내안내 방송 시 사용하며 승무원끼리 통화할 때 사용하는 핸드셋(Handset)

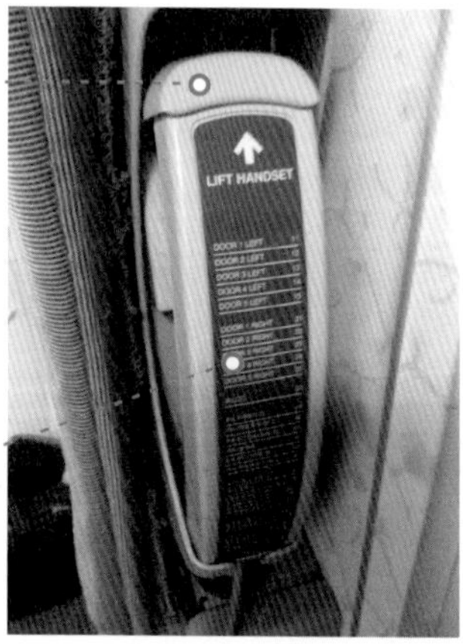

☑ B777-200/300 기종 기내방송 시 핸드셋(Handset) 사용법

- 기내방송을 하기 위해서 핸드셋(Handset)을 케이스에서 꺼낸다
- 핸드셋(Handset) 번호 중 46을 누르면 방송할 준비가 되며 하단의 PTT 버튼을 누르고 기내방송을 실시한다.

- Reset 시키기 위해서는 Reset Botton을 누르거나 원위치로 넣는다.

*PTT 버튼 : Push To Talk의 약자

④ B747-400기종 방송용 핸드셋(Handset)

인터폰-B777과 동일한 사양이다

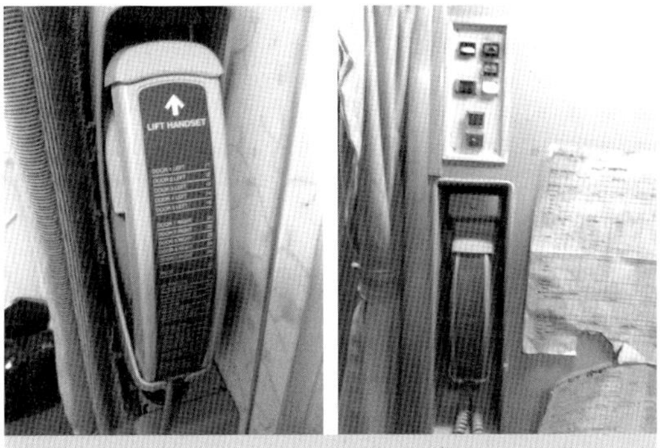

B747-400 핸드셋(Handset)) MID GALLEY에 설치되어있는 핸드셋(Handset)

B747-400기종 기내방송 시 핸드셋(Handset) 사용법

항공기 내에서 객실 승무원 상호간에 의사소통과 승객에게 기내방송을 가능하게 해주는 시스템 이다

*사용법

- 핸드셋(Handset)을 케이스에서 꺼내든다
- B777 기종과 마찬가지로 46번호를 누른 후 PTT 버튼을 누르고 방송한다.
- 사용 후 원위치로 넣으면 Reset 되나 Reset Button을 사용해도 가능하다.

⑤ A 380 기종 방송용 핸드셋(Handset)

기내에서 객실 승무원 상호간의 의사소통과 기내안내방송을 원활하게 해주는 기구 이며 핸드셋 설비는 조종실 및 객실의 각 객실승무원 위치에 있다.

객실 승무원용 핸드셋(Handset)/방송용 시스템

A380 객실승무원용 인터폰/PA 인터폰 내부모습 인터폰 내부전경

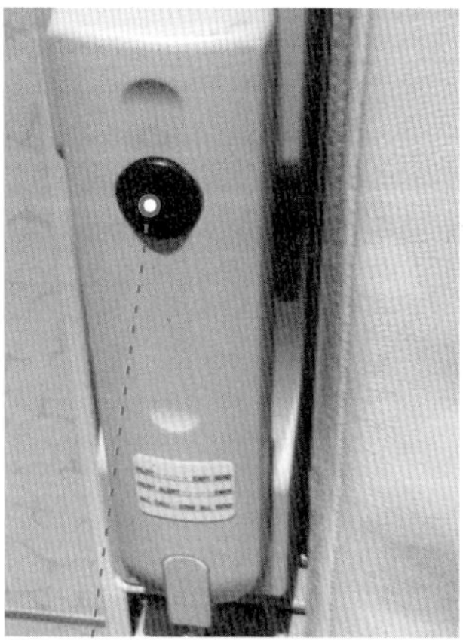

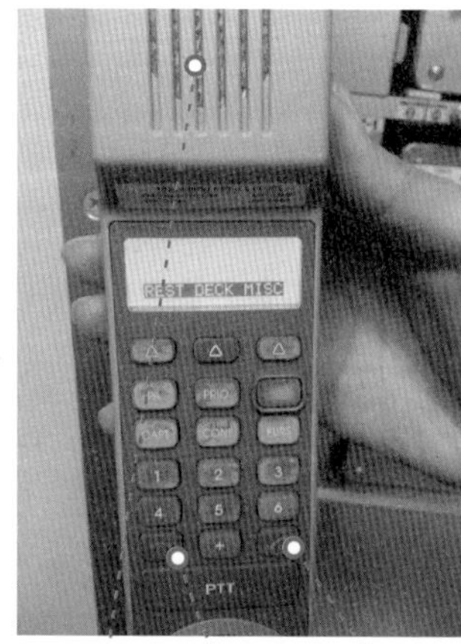

인터폰을 고정장치에서 분리하기 위해 누르는 버튼 이 버튼을 누르면 분리된다.

상태표시창

PPT버튼

송화기, 상당히 민감하여 방송시 숨소리까지 기내에서 잘들리니 유의한다.

숫자버튼

수화기

통화종료 버튼

통화시작버튼 이 버튼을 눌러야 상대방 인터폰에 신호가 간다.

Jump Seat에 설치된 인터폰

내부기능

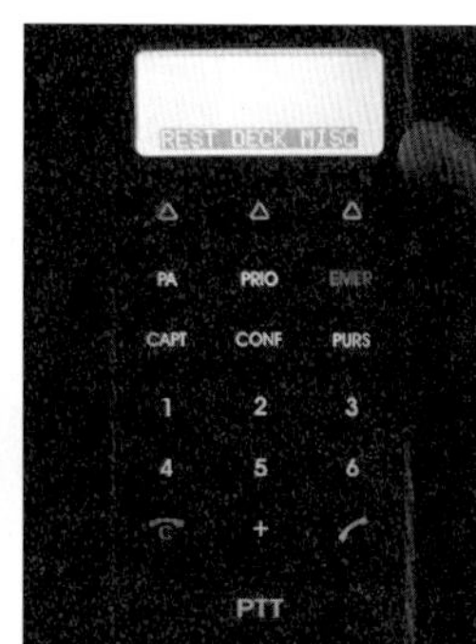

원하는 장소 선택된 모습

A 380 기종 기내방송 시 핸드셋(Handset) 사용법

- 기내방송을 하기 위해서는 핸드셋(Handset) 케이스에서 인터폰을 꺼내든다
- 번호 키 중 제일 왼편상당 두번째 열 PA버튼을 누르고
- PTT 버튼을 누른 후 안내방송을 실시한다.
- Reset을 위해서는 Reset버튼을 누르거나 핸드셋을 원위치 시키면 된다.

- 핸드셋의 목소리 감지 센서가 방송담당 승무원의 숨소리 까지 반영할 정도로 지나치게 민감하니 방송 중 옆 좌석에서 잡담을 하거나,성대를 가다듬기 위해 음~음~하는 소리, 기침을 하는 등의 부수적인 행동을 하지 않아야 한다.

올바른 비행기 마이크(핸드셋)사용법

- 사전 연습 방송을 실시하여 볼륨이나 잡음발생 여부 등의 마이크 성능을 미리 파악하고 자신의 목소리와 적절한 조화가 될 수 있도록 한다.
- 마이크와 방송하는 승무원의 입술과의 거리는 일반적으로 2~3cm 정도가 무난하며 마이크 하단의 송화기에 입술이 정면으로 향하도록 해서 볼륨 및 방송의 정확도가 최적의 상태를 유지 할 수 있도록 해야 한다.

02 기내방송 녹음장치-PRAM 구조별 이해하기
(Pre-Recorded Announcement Module)

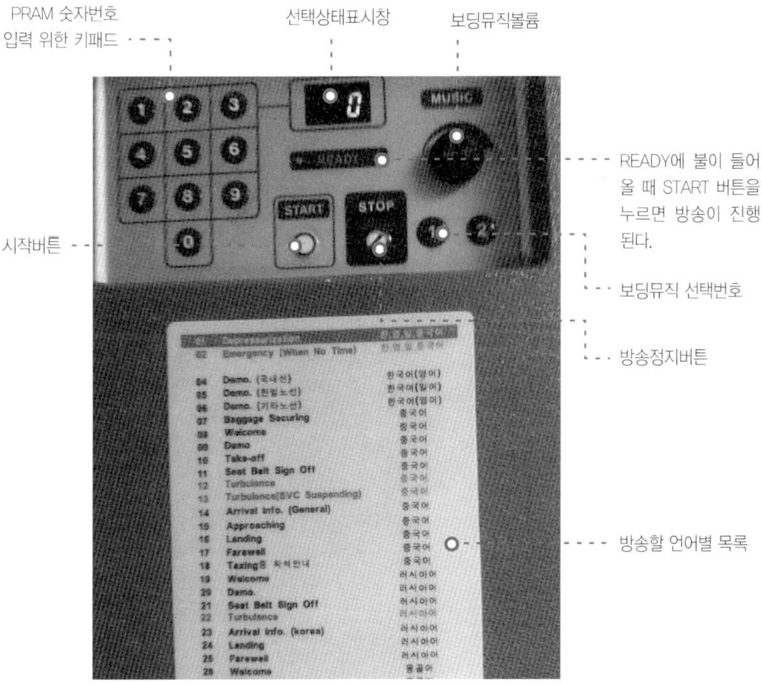

03 기내방송 원칙

❶ 기내방송은 승객에게 비행 중 여행에 필요한 정보전달 서비스로서의 기능을 전달하고 안전사항에 대해서는 승객을 효율적으로 통제함으로써 안락하고 편안한 비행을 보장하기 위해서 실시한다.

❷ 방송 Duty 승무원은 제반 방송원칙을 준수하여 방송을 실시하여야 한다.

❸ 객실승무원은 방송능력 향상을 위해 노력하여야 하고 평소 올바른 마이크 사용법을 정확히 알고 있어야 한다.

❹ 방송언어는 기본적으로 해당 노선에 따라 2~3개의 언어로 실시하며 필요에 따라 4개 언어를 사용할 수도 있다.

❺ 국내선에서는 한국어-영어 순으로 방송하며 국제선에서는 한국어-영어-현지어 순서로 방송하는 것을 원칙으로 한다. 단, 내국인 전세기에서는 한국어로만 방송 가능하다.

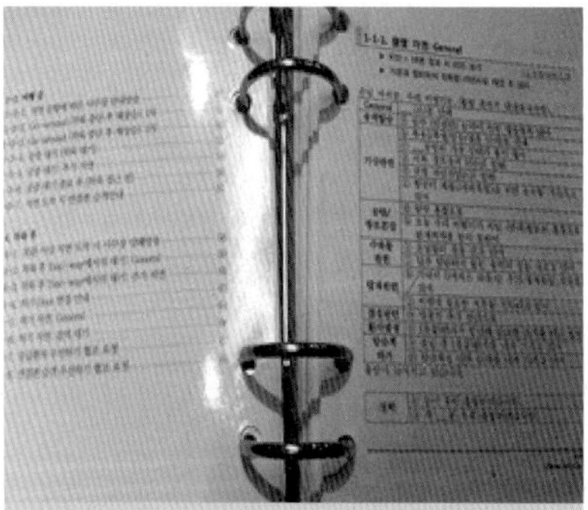

국내항공사에서 사용하는 방송문 책자

현지어 및 지정 외국어(일어, 중국어) 방송순서

① 현지 여승무원
② PRAM(Pre-Recorded Announcement Module)
③ 해당 언어 방송자격 보유자
④ 카세트 플레이어
* 단, 승무원 시연을 위한 Safety Demo 방송은 PRAM 사용을 우선한다.

04 기내방송 담당승무원의 책임

- 기내방송에 관한 모든 책임은 원칙적으로 객실사무장/캐빈매니저에게 있으며 방송담당 승무원은 2차적으로 책임진다.
- 방송 담당승무원은 방송 매뉴얼의 방송원칙을 준수하여 방송해야 한다.
- 정확한 정보 전달을 위해 발음 연습에 대한 지속적인 노력이 필요하며 좋은 음성을 가꾸기 위해 노력해야 한다.
- 평소 올바른 마이크 사용법을 익혀 파열음이 나지 않도록 유의하여 전달력 향상에 노력을 기울여야 한다.
- 또박또박 천천히 방송하는 연습을 꾸준히 하여 승객이 듣기 편한 방송이 될 수 있도록 해야 하며, 철저한 연습을 통해 방송 담당자로서 책임감을 지녀야 한다.
- 기내 상황에 대한 정확한 이해, 판단능력이 필요하며 방송 매뉴얼의 구성을 숙지하여 적시에 적합한 방송이 이루어질 수 있도록 해야 한다.

05 한국어/외국어 방송 연습

① 한국어

- 표준어로 발음한다. 사투리, 억양 등의 사용을 하지 않고 표준어 낭독 연습을 통해 또박 또박 천천히 말하는 습관을 들인다. 평소 말할 때도 입을 크게 벌려서 정확하고 명확한 소리가 나오도록 노력한다.

  예문 의사 선생님(○)

  으사 슨상님(×)

- 발음시 자음 'ㅎ' 발음이 잘 들리도록 명확한 음가를 살려서 읽는다.

  예문 정확한(○)

  정와칸(×)

- 한국어의 장단음 길이에 유의하여 읽는다.

  예문 전-자-제-품을 세-관 신고서에 기록

- 이중모음으로 음가를 살려 정확하게 읽는다.

  예문 확인해 주시기 바랍니다.(○)

  학인해 주시기 바랍니다.(×)

- 보통음이 된소리로 바뀌는 것을 말하는데 된소리가 나지 않도록 유의한다.

  예문 고추장(○)

  꼬추장(×)

② 외국어(영어)

☑ R과 L의 구분에 유의한다.

> Jerry's jelly berries taste really rare.
> Rory's lawn rake rarely rakes really right.
> A really leery Larry rolls readily to the road.
> The road's load is lessened lightly.

L과 R이 모두 혀에 힘이 많이 들어가는 발음으로 R 발음은 밑줄로 L 발음은 색으로 표시되었으니 한 번씩 읽어 보기를 권한다.

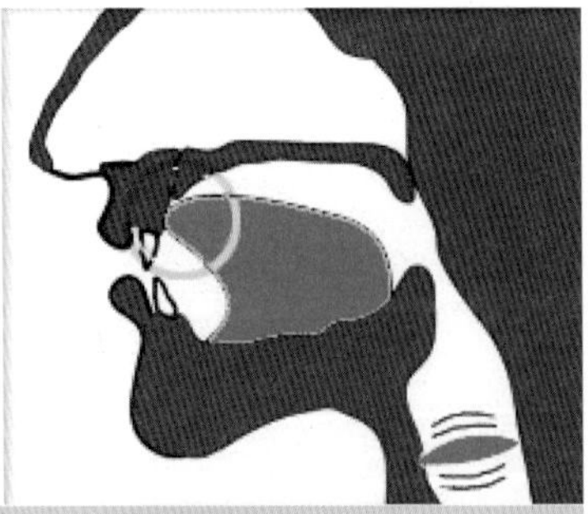

먼저 L은 혀 끝에 힘을 주고 윗 앞니 뒤 입 천정이 튀어나온 곳에 혀를 두고 발음 하면 되고 R보다는 높은 음의 소리가 나오면 되는데 많은 동양권에서 한국의 '엘처럼 발음하기 때문에 정확한 발음을 알려줄 필요가 있다.

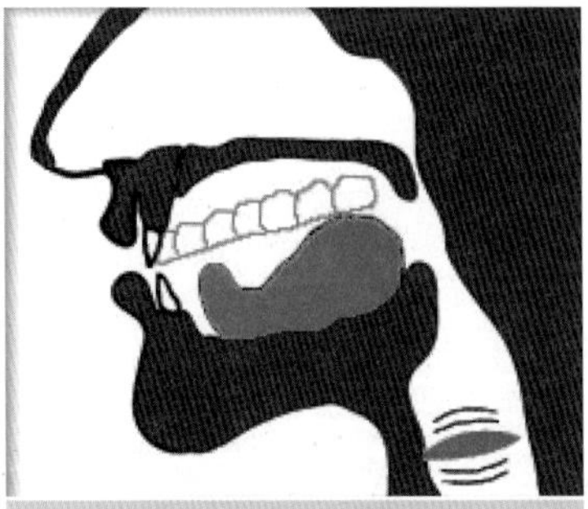

R은 혀를 뒤쪽으로 둥글게 말고 천장에 붙지 않은 채 목에서부터 L보다는 깊고 낮은 소리가 나도록 발음하면 된다.

☑ P와 F의 구분에 유의한다.

알파벳 발음 'P'와 'F'는 한국어 'ㅍ' 발음과 비슷하기 때문에 발음할 때 착오가 있을 수 있다. 비록 소리는 비슷하게 들릴지언정 발음하는 방법에서 차이가 있다. 먼저 'F'는 윗니를 아랫 입술에 얹어준 다음 이 상태에서 입 밖으로 숨을 쉬면서 바람을 내보내 주면 되고 'P'는 아랫입술과 위 입술이 서로 닿도록 입을 다문 상태에서 그대로 바람을 내보내면 된다. 아래의 문장을 읽어보며 연습하도록 하자.

Which fruits do you prefer pineapple or banana?
파인애플과 바나나 중 어떤 과일을 좋아하나?

It's a fine weather to play basketball outside?
야외에서 농구하기 좋은 날씨이다.

I'm planning to go camping this afternoon.
나는 오늘 오후에 캠핑갈 계획이다.

My birthday party will be hold on Friday.
내 생일 파티는 금요일에 열릴 것이다.

☑ B와 V의 구분에 유의한다.

B는 [ㅂ]으로 발음나며, 윗입술과 아랫입술을 붙였다 뗄 때 목을 울리며 내는 발음이다.

* Busy [비지] 바쁜

* Boy [브오이] → [보이] 소년

* Baby [베이비] 아기

* Bed [벳] 침대

* Beach [비이취] 해변

* Bear [베여어이] 곰. 참다.

V는 아랫입술을 윗니에 댄 후 떼면서 하는 발음이다.

Vase/ vet /van /voice를 연습해 보자.

TH의 발음에 유의한다.

발음기호는 [ð]이며 '드' 라고 발음한다.

아래의 사진을 보며 어떻게 발음하는지 살펴보기 바라며 윗니 아랫니로 혀 앞부분을 살짝 물고 혀 옆쪽 구멍으로 바람을 내보내면서 성대를 울리며 '드', '드', '드'라고 발음한다.

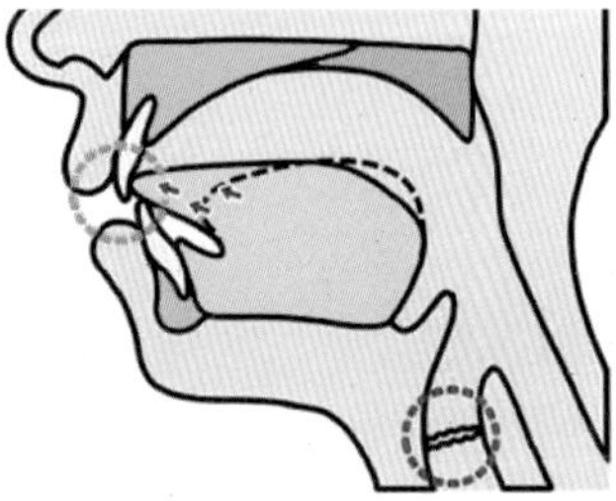

* That[드애트] - 댓
* Then[드에느] - 덴
* Bathe[브에이드] - 베이드
* This[드이쓰] - 디쓰
* Them[드에므] - 뎀
* With[우이드] - 위드
* Thus[드어쓰] - 더쓰
* Smooth[스므우우드] - 스무우드

강세와 억양을 살려서 읽는다.

우리말은 단어를 읽을 때 특별히 힘주는 부분 없이 일정한 박자로 또박또박 말하는 반면, 영어는 단어 안에 모음이 두 개 이상이면 강세가 있는 부분이 생긴다.

- 1음절 단어

영어의 강세는 모음에 있기 때문에 1음절 단어는 어려울 게 없다고 보며 단어 안의 유일한 모음에 강세를 주면 된다.

단, 이중모음들은 ([ei], [ou], [ai], [au], [ɔi]) 하나의 소리 덩어리로 보아 1음절로 생각해야 한다.

job [dʒɑ:b] **hit** [hɪt] **meat** [mi:t] **mine** [maɪn]

• 2음절 단어

2음절 단어부터는 품사가 영향을 미치며 2음절 단어 중에 약 90% 이상, 명사는 강세가 앞, 동사는 강세가 뒤에 있다.

teacher [ˈtiːtʃə(r)] **doctor** [ˈdɒktə(r)] **window** [ˈwɪndoʊ]

• 동사

한 단어의 의미가 명사, 동사 둘 다 있으면 위 규칙처럼 명사는 강세를 앞, 동사는 강세를 뒤로 줘서 구분하면 된다.

produce [prəˈduːs] **expect** [ɪkˈspekt] **begin** [bɪˈgɪn]

• 형용사

형용사는 명사를 꾸며 주기 때문에 명사와 비슷하게 2음절 단어의 약 70%는 강세가 앞에 있다.

extra [ˈekstrə] **happy** [ˈhæpi] **hungry** [ˈhʌŋgri]

• 부사

부사는 그 쓰임에 따라 다양하게 바뀌며 형용사 + ly인 경우 원래의 형용사 강세와 같이 강세를 유지한다.

usual [ˈjuːʒuəl]	**actual** [ˈæktʃuəl]
usually [ˈjuːʒuəli]	**actually** [ˈæktʃuəli]

• 빈도부사

얼마나 자주를 나타내는 빈도부사는 강세가 앞에 있다.

always [ˈɔːlweɪz] **often** [ˈɔːfn] **never** [ˈnevə(r)]

- 2음절 부사

동사를 꾸며주는 부사는 동사랑 비슷한 특징까지 있어서 약 70% 단어가 동사처럼 강세도 뒤에 있다.

again [əˈgen] **although** [ɔːlˈðoʊ] **enough** [ɪˈnʌf]

☑ **끊어 읽기에 유의한다.**

☑ **연음에 유의한다.**

위에 언급한 사안을 중심으로 하여 이제 기내 탑승환영 안내방송을 읽어 보도록 하자.

❸ 탑승환영 안내방송 읽어보기

손님 여러분, 안녕하십니까.
스카이팀 회원사인 저희 ㅇㅇ항공은 여러분의 탑승을 진심으로 환영합니다.
이 비행기는 (____를 거쳐) (도시명)까지 가는 ㅇㅇ항공 ____편입니다.
목적지(/중간도착지)인 (도시명)까지 예정된 비행시간은 이륙 후 ____시간 ____분 입니다.
오늘 (이름) 기장을 비롯한 저희 승무원들은 여러분을 정성껏 모시겠습니다.
출발을 위해 좌석벨트를 매주시고 등받이와 테이블을 제자리로 해 주십시오.
그리고 휴대전화 등 전자기기는 무선통신 기능이 꺼진 상태에서 사용하실 수 있으며, 노트북 등 큰 전자기기는 좌석 하단 또는 기내 선반에 보관해 주시기 바랍니다.
비행 중 여러분의 안전을 담당하는 안전요원인 승무원의 지시에 협조해 주시기 바라며, 계속해서 여러분의 안전한 비행을 위해, 잠시 화면(/승무원)을 주목해 주시기 바랍니다.

Good morning(/afternoon/evening), ladies and gentlemen,
Captain (Family Name) and the entire crew would like to welcome aboard ●● Air, a member of SkyTeam. This is flight ___, bound for ___ (via ___).
Our flight time to (목적지/중간도착지) today will be ___ hour(s) and ___ minute(s).

During the flight, our cabin crew will be happy to assist you in any way we can.
In preparation for departure, please fasten your seatbelt and return your seat and tray table to the upright position. You are permitted to use your electronic devices during the flight, as long as they are set to 'Flight Mode'.
However, larger devices such as laptop computers must be stowed under your seat or in the overhead bins during take-off and landing.
Please fully cooperate with cabin crew who act as safety officers during the flight.
(추가)
And for your safety, please direct your attention to the video screens (/cabin crew) for safety information. Thank you.

Chapter 07

미주지역 **출·도착 비행기** 승객 탑승 후 Tarmac Delay란?

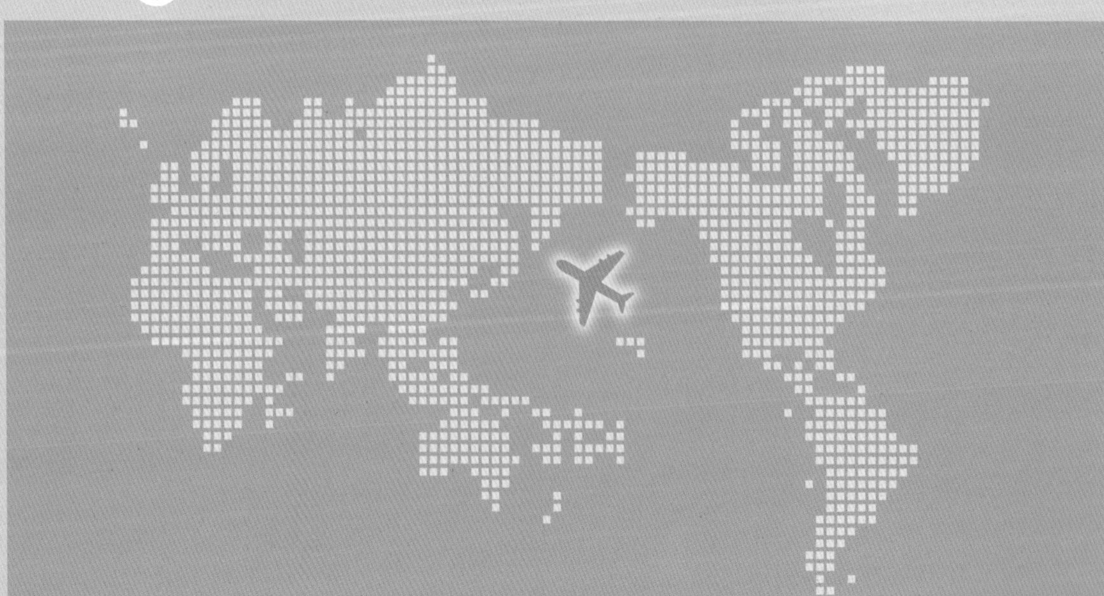

Chapter 07

미주지역 **출·도착 비행기** 승객 탑승 후 Tarmac Delay란?

항공기는 정해진 시각에 뜨고 내리는 것이 상식이지만, 때로는 그렇지 못할 때가 있다. 특히 외부 환경으로 인해 항공기가 지연되기도 한다.

대표적인 것이 기상에 의한 것인데, 눈이 오는 경우 특히 항공기가 지연되는 경우가 많다. 때로는 항공기에 승객을 태우고 이륙하려다가 눈, 혹은 안개 등 날씨 때문에 활주로에 묶여 이륙하지 못하고 공항에 그냥 체류하며 지연되는 경우가 있다. 이를 소위 타막 딜레이(Tarmac Delay, 이륙지연)라고 한다.

타막 딜레이란 활주로, 포장도로 위에서 지연된다 해서 붙여진 표현인데, 항공업계에서는 항공기에 승객을 태우고 일정 시간 이상 지연되는 경우를 말한다.

이 타막 딜레이가 본격적으로 논의되기 시작한 것은 2009년 회항한 항공기에서 승객이 하기하지 못한 채 밤을 지샌 사건을 통해서였다. 물론 그 이전에도 항공기에 승객을 태운 채 지연되는 경우가 종종 있었지만, 이 사건을 통해 본격적으로 문제점이 드러나기 시작했고, 해당 사건을 발생시킨 항공사에 일정 벌금을 부과하기도 했다.

2010년 4월, 미국 정부는 타막 딜레이, 비록 항공사 귀책으로 지연되는 경우가 아니라 할지라도, 승객을 일정 시간 항공기에 태우고 지연되는 것을 금지하기 시작했다. 미국 국내선의 경우에는 승객을 태우고 3시간 이상 지연시키지 못하도록 하고 있으며, 국제선은 4시간을 그 한계 시간으로 정하고 있다. 그 한계 시간 이상 지연될 것으로 예상되는 경우, 항공사는

터미널로 되돌아와 승객을 하기시키고 음식과 음료를 제공해야 하며 이를 어길 시에는 승객 1명당 최고 27,500달러 벌금을 부과할 수 있게 되었다.

이 규정이 시행된 이후 미국 정부는 타막 딜레이를 발생시킨 아메리칸 이글 항공(American Eagle Airlines)에 벌금을 부과했으며, 아메리칸 이글항공은 그 벌금을 납부하기로 함으로써 사상 최초로 타막 딜레이로 인해 벌금을 납부한 항공사로 기록되게 되었다.

Tarmac Delay Rule 개요

- 정의
  미국지역(괌 포함) 출 · 도착 전 항공편이 Ramp-out 또는 Taxi-in 과정에서 Delay 발생시 4시간 내 승객 하기 기회 제공, 2시간 내 Snack 및 물 포함 음료수를 제공해야 함(위반시 승객 1명당 최고 USD 27,500$까지 과징금 부과)
  Gate 또는 다른 하기장소에서 항공기의 Door가 열려 있고, 승객 하기가 가능한 상태에서, 지점에서 승객 안내가 불가한 경우, STD(탑승 전 고지된 변경 출발시간 포함) 이후 30분부터 매 30분마다 승객에게 하기 가능함을 안내한다.

타막 딜레이 발생시 승객 응대절차

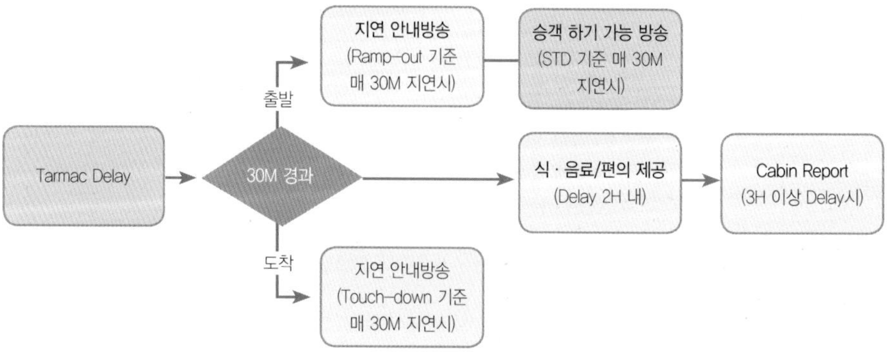

항공기 일반지연시 승객 응대절차 – 타막 딜레이 제외

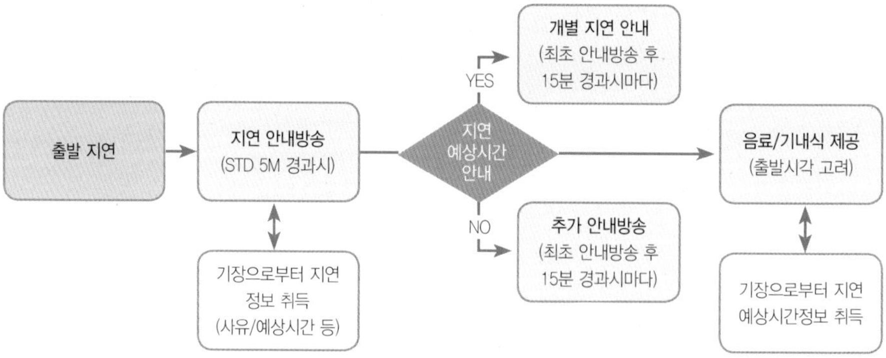

참고문헌

Pictures From 32 years Flight in Korean air

Docs From 32 years Flight in Korean air

Knowledges From 32 years Flight in Korean air

NCS 학습모듈 기내 일상 안전 관리(홍영식)

NCS 학습모듈 승객 탑승 전 준비(박지영)

NCS 학습모듈 승객 탑승 및 이륙 전 서비스(박지영)

NCS 학습모듈 비행 중 서비스(박혜정)

NCS 학습모듈 착륙 전 서비스(이효선)

NCS 학습모듈 착륙 후 서비스(정영미)

NCS 학습모듈 승객 하기 후 관리(정영미)

NCS 학습모듈 응급 환자 대처(임향아)

NCS 학습모듈 객실 승무 관리(박인섭)

대한항공 객실승무원 서비스 교범

대한항공 객실승무원 교범

대한항공 사무장/승무원 방송문 및 부록

대한항공 홈페이지

아시아나항공 홈페이지

www.airbus.com(에어버스사 홈페이지 for A320/330/380)

www.boeing.com(보잉항공사 홈페이지 for B737/777/747)

www.bombardier.com(봄바르디어 항공사 홈페이지 for CRJ-200/1000)

www.tsa.gov 미국교통안전청(Transpotation Security Administration) 홈페이지

국토교통부 국토교통뉴스(www.news.airport.co.kr)

인천국제공항 홈페이지(www.airport.kr)

검색엔진 내 대한항공 견학 블로그

대한항공/아시아나/제주항공/진에어/이스타항공/T way/유스카이 항공 홈페이지

위키백과/위키 pedia/You tube

항공정보 포털 시스템(Air Portal)

대한 심폐소생협회(www.kacpr.org)

승객 탑승 전 준비 &
승객 탑승 및 이륙 전 서비스

초판1쇄 발행 2016년 2월 15일
2 판2쇄 발행 2019년 2월 15일

지은이 최 성 수
펴낸이 임 순 재

펴낸곳 **주식회사 한올출판사**
등 록 제11-403호
주 소 서울특별시 마포구 모래내로 83(성산동, 한올빌딩 3층)
전 화 (02)376-4298(대표)
팩 스 (02)302-8073
홈페이지 www.hanol.co.kr
e-메일 hanol@hanol.co.kr

ISBN 979-11-5685-571-2